ブックレット《アジアを学ぼう》別巻26

荘司一歩

貝殻が語る環境と人

ペルーの海と先史時代の漁撈民

風響社

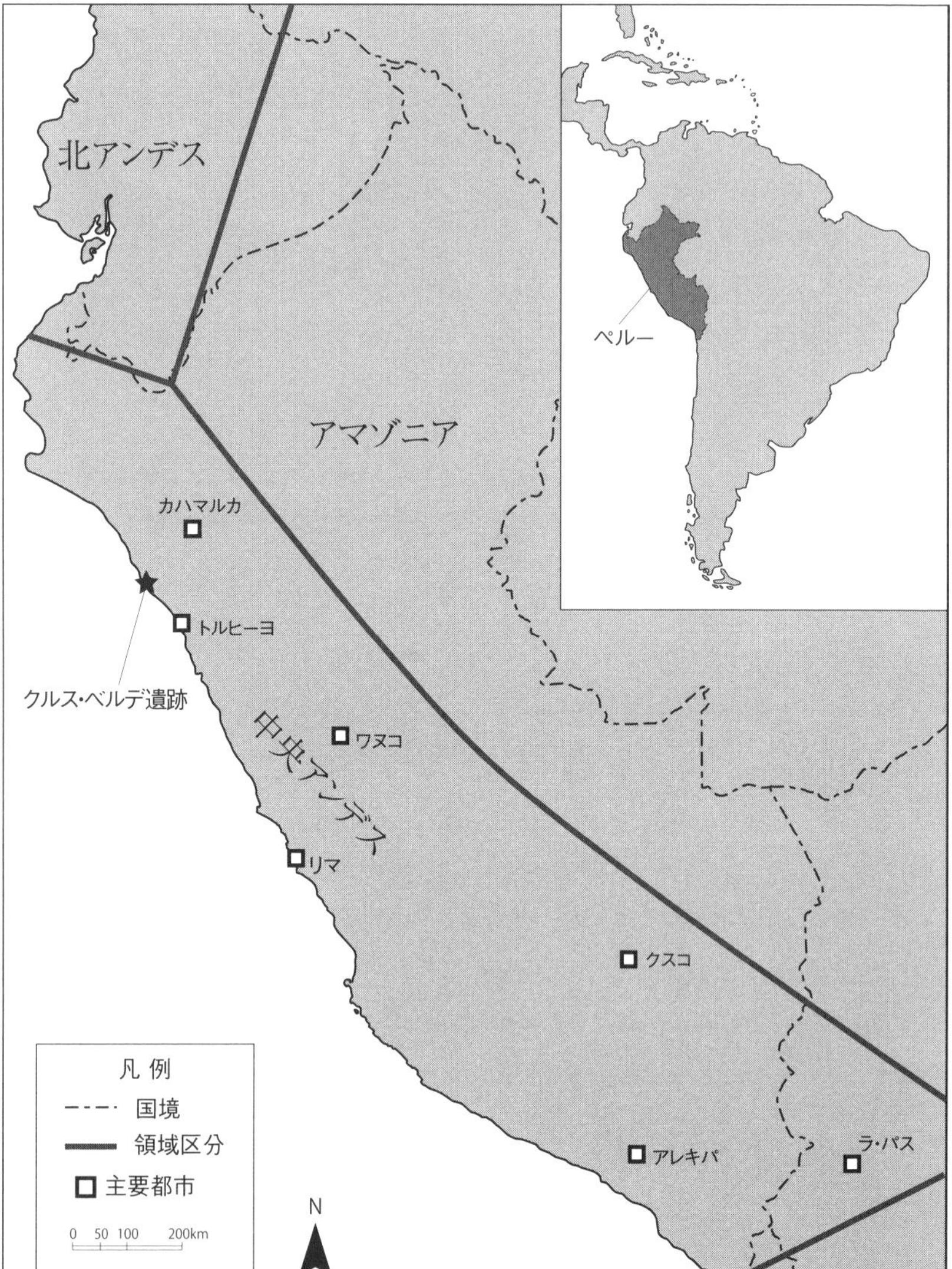

図1　中央アンデス地帯およびペルーの位置。南アメリカ大陸の領域区分のひとつである中央アンデスは、考古学データにもとづく古代文化の共通性に着目して設定されたものである。そのため、線引きは厳密なものではないものの、研究の大枠となる地理的な単位として古くから利用されてきた。

貝殻が語る環境と人——ペルーの海と先史時代の漁撈民

荘司一歩

はじめに——考古学でみる自然環境との向き合い方

小学生くらいの頃だったたろうか、私が身を乗り出すようにして見入っているテレビには飛行機から地上を見下ろすようにして撮影された映像が映し出されていた。草木のない荒涼とした大地が広がっており、そこには抽象的かつ洗練されたデザインで描かれたコンドルやサルの絵が白っぽい線で浮かび上がっている。舞台はペルー共和国(以下、ペルー)。有名なナスカの地上絵である。地上からでは図像であることにすら気づくのが困難なサイズで描かれた地上絵の存在を、飛行機の上から新たに「発見」した人の興奮が私に乗り移ったかのようだった。雲の切れ間に姿を現す荘厳なマチュピチュ遺跡(写真1)や、巨大な勢力を誇りながらもスペイン人の入植によって滅びたインカ帝国の歴史、色鮮やかな民族衣装を着て質素に暮らす人々。日本からみて、ちょうど地球の裏側に、想像もできないような世界が広がっている。「いつか行ってみたい」そう憧れたペルーの地で、いま私は考古学の調査研究に携わっている。

現在のペルーからボリビアの一部までの地域は中央アンデス地帯と呼ばれ(図1)、インカに先立つこと数千年以

写真1　マチュピチュ遺跡

上にわたって古代文化の興亡がみられるなど、考古学・人類学の重要な研究対象となってきた。そこで歴史的に勃興してきた諸文化の総体は、アンデス文明と呼ばれている［関　二〇一〇］。アンデス文明に特徴的なのは、文字、鉄、車輪などといったいわゆる四大文明にみられる要素がなかったことであろう。曲がりなりにも学校で習得してきた知識が、ことごとく通用しないという点に好奇心を駆り立てられている人は多く存在するし、私もその一人である。また、歴史の教科書などでもよく述べられるように、古代文明の多くが大河沿いに発達してきたという事実も、アンデス文明については当てはまらない。ただし、この地域の人々が河川流域を利用しなかったというわけではない。実際は、六〇〇〇メートル級のアンデス山脈が織りなす高度差と緯度の違いにもとづいて、海岸部の河川流域、山間盆地、高原地帯といった極度に異なる生態環境が密集しており、それぞれにその特性を活かした独自の文化を形成しつつ相互に交流を果たすことで、アンデス文明という総体が築かれてきたのである。この中央アンデス地帯をはじめ、南アメリカ大陸に住む人々の祖先は、紀元前一万二〇〇〇年頃、今はベーリング海峡と言われる場所の海底が露出し、陸橋となった場所を渡って、アジアから移り住んできたといわれている。北アメリカ大陸の初期人類が残した遺跡の最新の調査成果は、太平洋沿岸を伝って人々が南下していくような移住モデル［Meltzer 2009］を支持しはじめており、南アメリカの北部でも初期人類の痕跡が沿岸部で報告されている［Dillehay et al.2012a］。これに従えば、初期の人類の中にはとくに沿岸部の環境に適応した集団がすでに存在したと推察できるわけだが、人々はどのようにして沿岸部以外の様々な環境に定着し、異なる生態環境をまたいだ相互交流を実現するに至るのであろうか。比較的移動性の高い生活をしていた人々が定住性を高め、集団の規模を大きくしていったのであろうか。また、社会の組織が複雑になっていくプロセスはどのように生じるのだろうか。それらの謎を解く鍵は、人が環境とどのように向き合い、変化していく状況の中で試行錯誤を繰り返してきたのかという点にあるだろう。なぜなら、人々の生活様式は日々のなりわいに大きく左右されるものであるし、その労働組織は集団を形作っていくうえでの基礎となると想定できるからである。試行錯誤の中で変化していく資源利用の在り方は、人々の関係性をも変化させていく契機になるはずだ。

このような関心をもって、私が調査地として選定したのは、ペルー北海岸の沿岸に位置するクルス・ベルデ遺跡である（図2）。日本人の多くは、「アンデス文明」と聞けば、絶大な人気を誇るマチュピチュ遺跡や、インカ帝国の首都であったクスコのようなアンデス高地でのくらしを思い浮かべるだろう。しかし、すでに述べた通り、アンデス文明を形成してきた人々は、山岳部から海岸部までの様々な環境をうまく利用してきた。太平洋に面するペルー沿岸は、世界でも有数の漁場として知られ、豊富な海産資源の存在がアンデス文明を語るうえで欠かせない要素であることが研究者の間で広く共有されている。さらにいえば、現状の調査データを見渡したとき、共同祭祀場のようなモニュメントは海岸部で先行して建設されはじめることもわかってきた［Fuchs et al. 2009］。このように、アンデス文明と海の間には深い関わりがあったと考えられるわけだ。

私が二〇一六年と二〇一七年に実施した計二シーズンの発掘調査によって、クルス・ベルデ遺跡は紀元前四〇〇〇年頃に形成された貝塚、つまり廃棄された貝殻や動物の骨が小さな丘のように積みあがったゴミ捨て場であったことが明らかになった。多くの埋葬もみつかったほか、石器をはじめ、骨や貝で作られた道具類といった多様な考古遺物が出土しているが、やはりその大部分を占めるのは、海生哺乳類（海獣）や鳥類、魚類を中心とする動物骨と貝殻などである。考古学では、これらの遺物を総じて食糧残滓《ざんし》と呼ぶ。食糧残滓は過去の人々の生活を復元するうえで重要なデータとして扱われている。遺跡から出土したのが、たとえ魚の骨のひとかけらだとしても、

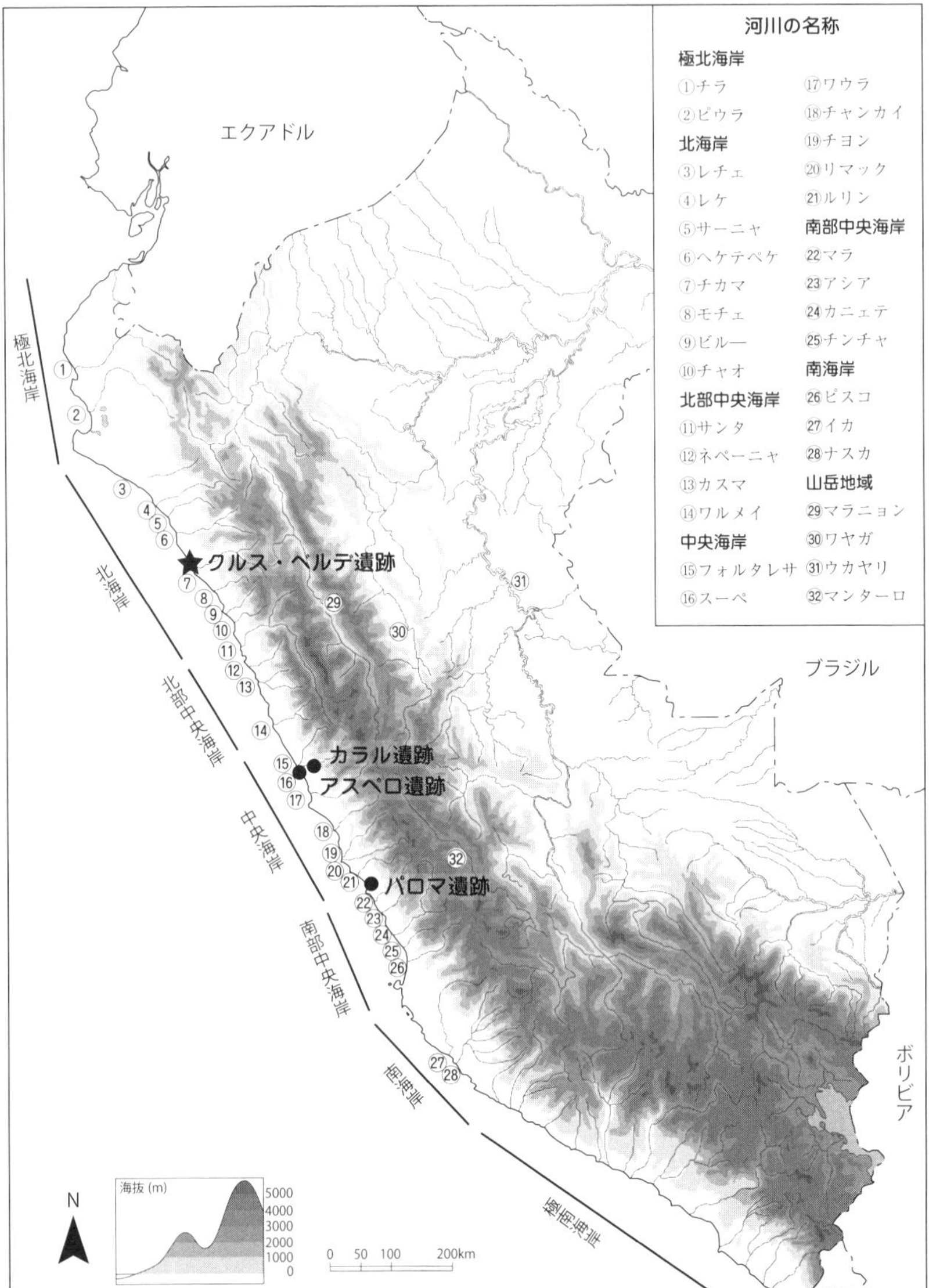

図2　本書で言及する遺跡の位置および河川名称と海岸地域の地理区分

その魚種を同定することができれば、当時の人たちが何を食べ、どのような環境に住み、どのように漁を行っていたのかということまで知ることができるのである。このように考古学とは、過去の人々が残した小さな物証を積み重ねることで、文字資料としては残らない人間の行動に迫っていく学問といえる。その物証は、崩れた建造物や放棄された品々にはじまり、使用した道具に残されるキズなどの痕跡に至るまで様々である。それを用いて当時の生活を少しずつ再現していく作業は、刑事ドラマに出てくる鑑識の仕事さながらである。しかし、いま、出土した考古遺物について逐一謎解きの道程をなぞっていては紙幅が尽きてしまうので、本書では遺跡から大量に出土する貝殻に注目してみたい。珍しい形をした貝やきれいな色をした貝ならば、おみやげ物にもなりそうなものだが、スーパーで買ってきたアサリの貝殻を普段から集めている人はいないだろう。本書で扱うのは、そうして私たちがあっさり捨ててしまうような、なんの変哲もない貝殻である。そんな貝殻一つで何がわかるのかと思われるかもしれないが、貝殻というものは、実のところ、過去の人々の活動や当時の環境について雄弁に語ってくれるのだ。

本書では、動物考古学の手法を通じて、ペルー沿岸部のクルス・ベルデ遺跡から発掘された「貝殻」が語る、紀元前四〇〇〇年頃の人々のくらし、資源利用の在り方や環境の変化に焦点を当て、小さな物証の積み重ねから大きなできごとを探る考古学という学問の魅力を紹介していきたい。では、長い時間をかけて環境に向き合ってきた人類の、試行錯誤のプロセスの一端を繙いてみよう。

一　アンデス文明と海

1　ペルーの自然環境と海洋生態系

南アメリカ大陸の太平洋岸には六〇〇〇メートル級のアンデス山脈が南北に走っている。このうち、現在のペルー

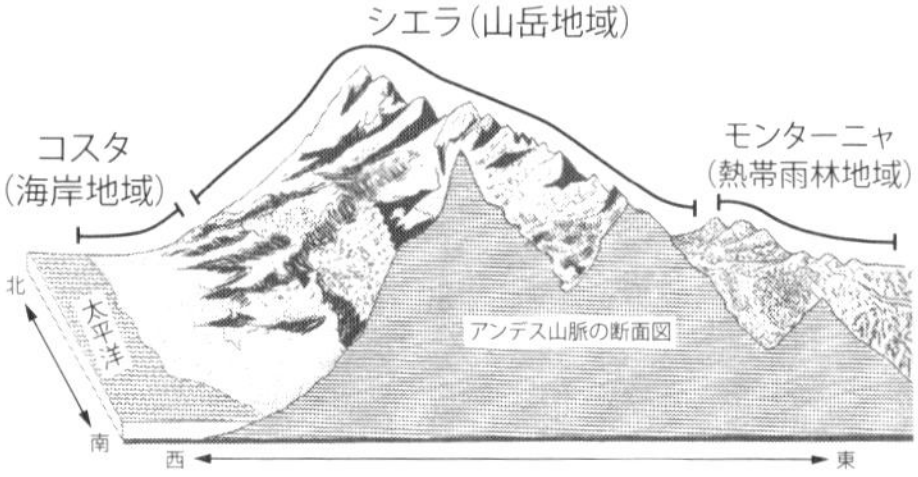

図3　コスタ・シエラ・モンターニャの環境区分（Burger 1992: Figure 11 をもとに筆者作成）

写真2　沿岸部の湿地帯。地下水などの淡水が溜まりやすい地形では、植物が繁茂する。写真中央左にみえる背の高い植物がトトラ。

とボリビアの一部からなる中央アンデス地帯は一般的に、乾燥した砂漠が広がるコスタ（海岸地域）、急峻な山々からなるシエラ（山岳地域）、アマゾン川源流部のモンターニャ（熱帯雨林地域）の三つに分けられる（図3）。

　クルス・ベルデ遺跡のあるコスタは標高五〇〇メートル以下の地域として区分されており、赤道下の乾燥砂漠という世界で唯一の事例としても知られている。まったく雨が降らないか、降っても年間五〇ミリ以下の降雨量に留まるような地域であり、年平均気温は一九度と低緯度地域にしては高くない。その要因となっているのが、沖合を南から流れてくる冷たいフンボルト海流であり、このような冷水域が雨雲を生み出す水分の蒸発や大気の温度上昇を抑えているのである。反対に、このような大気は陸地で暖められ、アンデス山脈に沿って上昇することで山地に豊富な降雨をもたらす。そのため、コスタの大部分は砂漠であるものの、シエラに降り注ぐ雨水は太平洋に向かって垂直に切れ込む大小様々な河川となり、河川流域に細長いオアシス状の植生を形成する。この植生を利用してコスタの河川流域では古くから農業が行われており、現在でも耕作地が広がっている。

　また、海へと流れる河川水系には、多くの伏流水が地下を流れており、海水面との比高差が極めて少ない沿岸部において、しばしば地表面に表出する。こうした沿岸部の低地やくぼ地に河川水が溜まることによって、トトラ（*Schoenoplectus californicus*）と呼ばれる植物が繁茂する湿地帯が形成されている（写真2）。このイグサのような植物は伝統的な葦舟（写真3）や籠などの材料として利用されてきたほか、湿地帯に集まる小動物や鳥類も重要な食資源となってきた。

耕作地や湿地帯の産物もさることながら、コスタを支える資源として欠かせないのが海産物である。先述のフンボルト海流は、太平洋沿岸の発達した大陸棚にぶつかりつつ北上することで、深層の栄養分に富む有機沈殿物を巻き上げながら湧昇する。これによって、ペルーの沿岸海域では、恒常的に栄養分が供給されることになり、豊富な海洋生態系が成立しているのだ。実際に、ペルー沖は現在でも世界屈指の漁場として知られており、豊富な海産資源は、古くから人々の生活を支え続けてきた。

写真3　カバリート・デ・トトラ（葦舟）。伝統的な漁法が続けられている地域では、現在も漁撈活動に利用されている。トトラを束ねて細長い筏のようにしたものであり、膝立ちするような姿勢でバランスを取りながらオールでこぐ。一人用の小さな舟である。

ペルーの人々が伝統的に利用してきた海域環境と河川水系の間には、特殊な生態系が形成されていることもおさえておく必要があろう。海へと流れ出た河川水は海水と混じり、河口・汽水域という塩分濃度の低い水域を作り出す。こうした水域では塩分濃度などの変化が激しく、一般的には生物にとって厳しい環境となる一方、そのような環境に適応した生物も多く存在する。なぜなら、陸地から河川を伝って多くの養分が運ばれてくる水域でもあり、植物・動物プランクトンが豊富に存在するので、餌には事欠かない環境だからだ［河川環境管理財団　二〇〇八］。また、捕食者も少ないことから、仔稚魚の期間を河口・汽水域で過ごす魚種が多く存在するほか［渡邊

写真4　ラグーンと海岸線。かつてチカマ川の沿岸にも大きなラグーンが多く存在していたが、現在は農地造成のために多くが埋め立てられてしまった。（Aponte et al. 2018 から転載）

二〇一二、Pozorski and Pozorki 2003〕、成魚においても汽水を好む魚種が一定数認められる。とくに、ラグーン（潟湖）と呼ばれる河口・汽水域（写真4）も、この地域の人々の生活を支える資源を提供する生態環境として重要である。ラグーンとは、海岸線に帯状に伸びる陸地によって外海から隔たれ、内陸側にとり残された浅い海域であり、潮汐による海面の上昇によって海水の流入が起こる。この地形を活かして、汽水に集まる魚類を対象とした網漁や仕掛け漁、追い込み漁が頻繁に行われるほか、海鳥の罠漁なども一般に行われてきた〔Dillehay et al. 2017〕。

しかし、豊かな海域環境も劇的な異常気象により大打撃を被ることがある。それがエル・ニーニョ現象と呼ばれるものである。ペルーの沖合を北上するフンボルト海流は、大陸沿いを赤道から南下してくる暖流とぶつかっており、その潮目は現在のペルーとエクアドルの国境付近に形成されている。これらの海流は当然のことながら、生態系とも深く関与している。二つの海流は水温が異なるため、それぞれの海流に適応する生物種が異なるわけだ。暖流域にのみ生息するウミギクガイ（*Spondylus* spp.　写真5）はその代表例であり、中央アンデス地帯において儀礼用具や装飾品として珍重されてきた〔Carter 2011〕。ところが、フンボルト海流の北上を支える貿易風[1]が何らかの要因で弱まると、赤道からの暖流の勢いが勝り、両者の潮目はペルー北海岸にまで南下してくる。これによって、ペルーの沿岸海域の海水温度が急激に上昇することで海域環境の異常が生じる（図4）。これがエル・ニーニョ現象である。海水温の上昇に耐えられない海洋生物の生息数は激減するとともに、フンボルト海流によって支えられていた湧昇作用[2]が弱まることで海中の栄養分も不足する。海域環境の生態系は大きく崩れ、漁撈を営む人々は不漁の被害を受けるのである［川崎　二〇〇一］。さらに、高い海水温は水分の蒸発を促し、雨雲を発生させることで、普段は雨の降らないコスタに豪雨をもたらし、河川の氾濫や土砂災害などの水害をもたらす（写真6）。エル・ニーニョ現象は、現在、二〜八年周期で起こることが多いが、その周期は一定でなく、予測することは極めて困難である［Idyll 1973］。

以上のように、コスタでは、特徴的な生態環境の特性や気候変動の存在が確認されている。こうした環境特性の中で展開してきたアンデス文明もまた、生態環境との関係を無視して語ることはできない。そうした点をふまえながら、本書で取り扱う時代の全体的位置づけを次に確認しておこう。

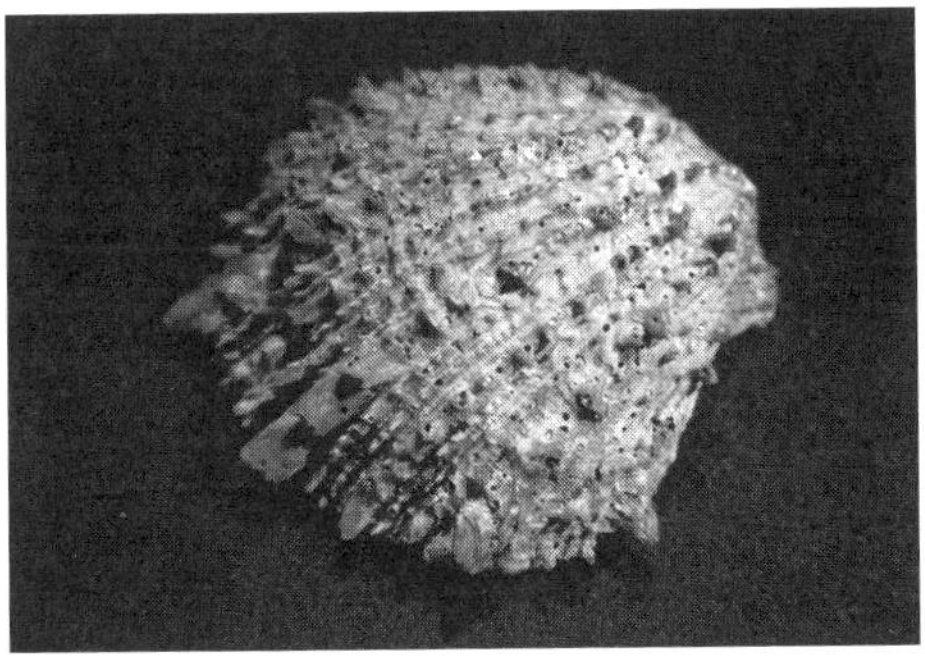

写真5　ウミギクガイ。鮮やかな赤色であり外見も特徴的なウミギクガイは、ビーズなどの装飾品の材料になるなど、希少財として利用された貝殻の代表格である。南米だけでなく、古くから世界中の人々に利用されてきた。写真の貝は15センチメートルほどの大きさ。

2　文化の興亡と時代区分

大航海時代、南米大陸にはじめて到着したスペイン人が目にしたのが、インカ帝国であった。北はエクアドルから南はボリビア、チリ北部、アルゼンチン北西部までの広大な地域に版図を広げた地球上最大の帝国については、スペイン人の入植後に書かれた記録文書などを頼りに多くの研究が蓄積されてきた。ただし、そのインカ帝国も、栄えたのは一五世紀後半から一六世紀前半までのわずかな期間でしかない。それ以前にも様々な古代文化が長きにわたって興亡してきたことが、考古学研究によって明らかになっている［関　二〇一〇］（表1）。

中央アンデス地帯に人類が登場したのは紀元前一万二〇〇〇年頃であり、この時代は「石期」と呼ばれている。当時の人々は植物採集

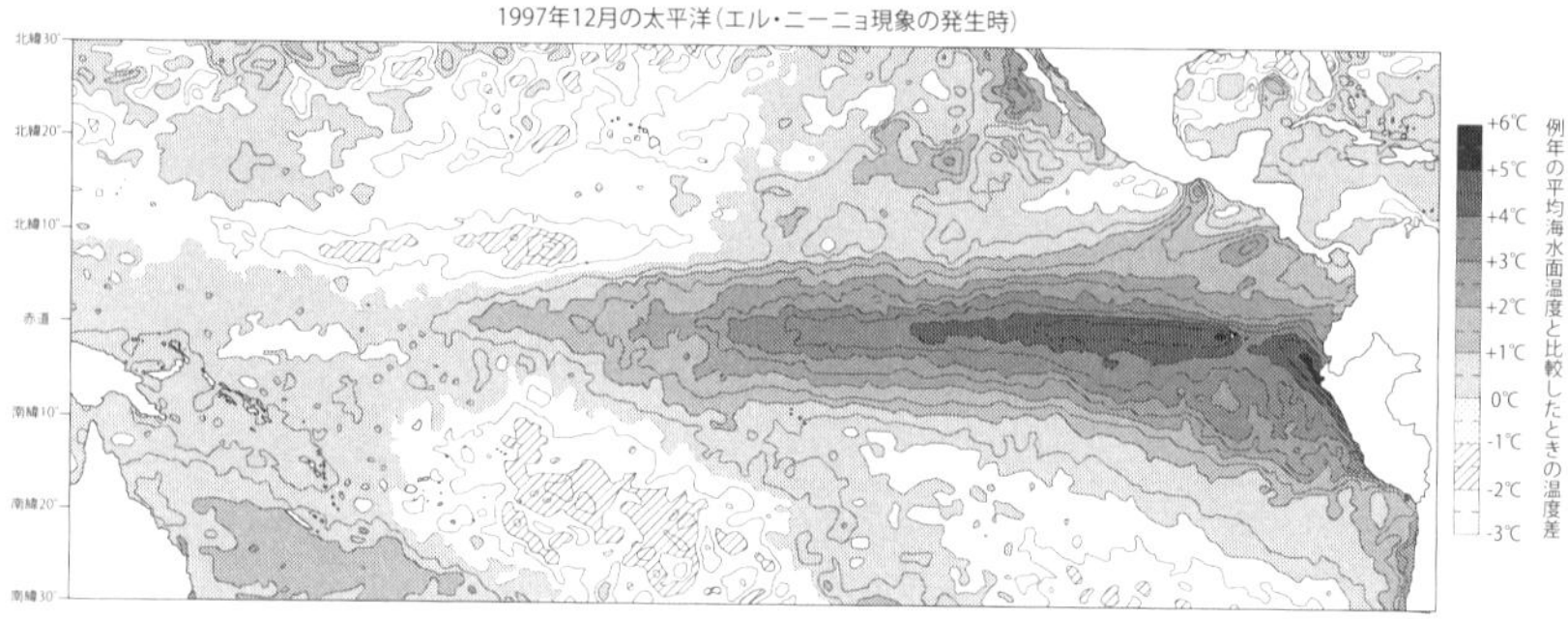

図4　エル・ニーニョ現象による海水面温度の異常。図は、記録的なエル・ニーニョ現象が起きた1997年12月の太平洋における海水面温度の異常を表している。平年の12月の平均と比べて、海水温が高ければ濃い色、低ければ薄い色で塗られている。赤道から流れ込む海流の影響で、ペルー沖合の海水面温度は5度近く高くなっていることがわかる。通常時とは異なる海水温が維持されることで、海洋生態系などにも大きな影響が生じる。(IMARPEで公開されるモニタリングデータを引用し作成。http://www.imarpe.gob.pe/ftp/enso/imagenes/ATSM_mm_PacEc_1997_1998.gif)

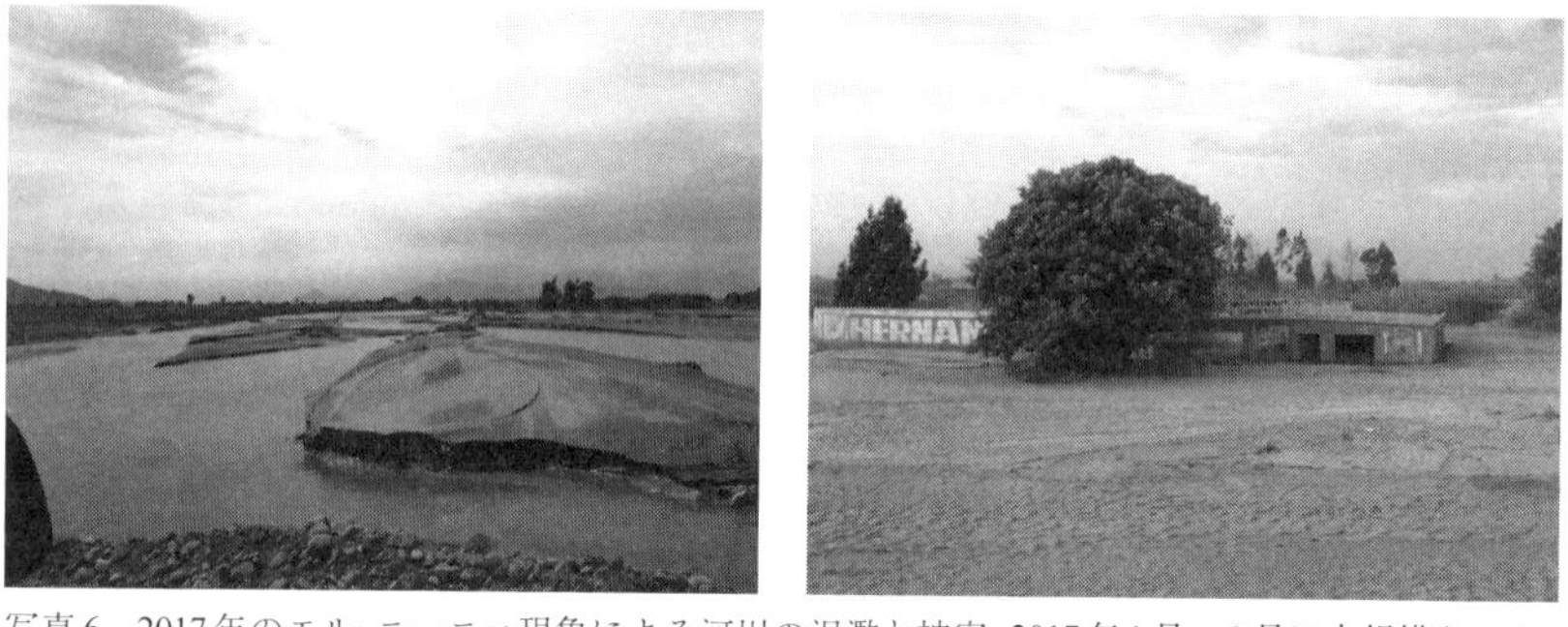

写真6　2017年のエル·ニーニョ現象による河川の氾濫と被害。2017年1月～3月に大規模なエル·ニーニョ現象が発生した。被害が落ち着き始めた3月でも依然として河川の氾濫は続き、土地は大きく削られた（左）、また、土石流によって家屋の半分ほどが土砂に埋もれてしまった様子からも被害がうかがえる（右）。

表1　アンデス文明の展開とクルス・ベルデ遺跡の編年、および日本史の比較対応年表

アンデス文明史	年代	アンデス	クルス・ベルデ	日本
狩猟採集	12000	石期		
植物栽培の始まり 漁撈の発達・定住性の増加 動物飼育の始まり	5000	古期	一期 二期	縄文
神殿建設の始まり	3000	形成期	三期	
土器製作	1800			
神殿の発展 冶金技術の発達	1000 800			
灌漑農業の本格化	BC / AD			弥生
		地方発展期		古墳
王国の成立 都市の成立　青銅器製作	600			飛鳥・奈良
		ワリ期		平安
	1000	地方王国期		鎌倉
全中央アンデスの政治統一	1500	インカ期		室町・安土桃山
スペイン人の侵入	1532	植民地期		江戸
ペルーの独立宣言	1821			

（関　2006、図6を一部参照し、筆者作成）

写真7　形成期の宗教的図像表現の一例（クントゥル・ワシ遺跡）。ペルー北部山地のクントゥル・ワシ遺跡の神殿に設置された大石彫。ヘビ、ジャガー、猛禽類などが組み合わさった半人半獣像が表現されているとみられる。足を交差し、腹のあたりに首級のようなものを抱えている。写真は精巧に復元され、遺跡に展示されているレプリカ。

に従事しながら、動物を狩猟するというような移動性の高い生活を営みつつ、海産資源も同時に利用していたことがわかっている。その後、植物栽培や動物飼育が試みられ始める時代は「古期」と呼ばれ、その画期は紀元前五〇〇〇年頃と暫定的に定められている。この古期においてコスタでは、海産資源の利用を生業の中心に据えて定住的な生活が営まれるようになった。本書で取り扱うクルス・ベルデ遺跡が形成されたのは、この時代の中頃にあたる。

やがて、紀元前二五〇〇年頃より農業や牧畜の比重は高まっていくが、その確立をまたずして、祭祀を執り行う神殿などの公共建造物が建設されはじめるようになった。この神殿での活動が活発化し、コスタからシエラに至るまで、各地で類似した宗教的図像表現（写真7）が土器や建造物を媒体に登場するなど、「形成期」と呼ばれるこの時代は文明の胎動期ともいえる。そのはじまりは、神殿が建設されはじめる紀元前三〇〇〇年頃と定められ［大貫・加藤・関　二〇二〇］、紀元前後に起きた社会変化によって終焉を迎えるまで、それは続いた。代わって地方色豊かな文化が各地で生まれ、宗教面だけでなく、俗的な権力の発生や戦闘なども顕著になってくる。この時代が「地方発展期」であり、冒頭で触れたナスカの地上絵もこの時期に描かれた。国家と呼ぶことができるような社会が展開され始めるのもこの時期である。

紀元後六〇〇年頃より、ペルーの南高地に起源を持つワリという文化が中央アンデス地帯の広範囲に影響を及ぼすようになり、これは「ワリ期」と呼ばれている。同じ頃かそれよりもやや早くに、ティワナクと呼ばれる文化もペルーとボリビアの国境付近で栄えていた。紀元後一〇〇〇年頃から、再び地方色の強い社会がいくつか現れるようになる「地方王国期」へと移り、やがて南高地で生まれたインカが地方王国を征服しながら中央アンデス全域へ覇権を広げる「インカ期」へと続いていくというのが、おおまかな流れである。

このように古代文化の興亡史を俯瞰したとき、本書で扱う古期という時代は、複雑に組織された大きな社会が出現する以前の、小規模な集団が徐々に定住性や集団性を高めていく過程にあったことがわかる。実際に、古期のコスタでは小さな漁村が各所で形成されつつあったというようなイメージで語られることが多い。しかしながら、コスタの特徴的な生態環境への適応を試行錯誤していた人々の暮らしとその変化は、その後のアンデス文明の展開を占ううえでも重要な位置づけにあったと思われる。なぜなら、次にみるように、アンデス文明の胎動期として重視されてきた形成期という時代は、海域環境との関係を無視して語ることができないからである。

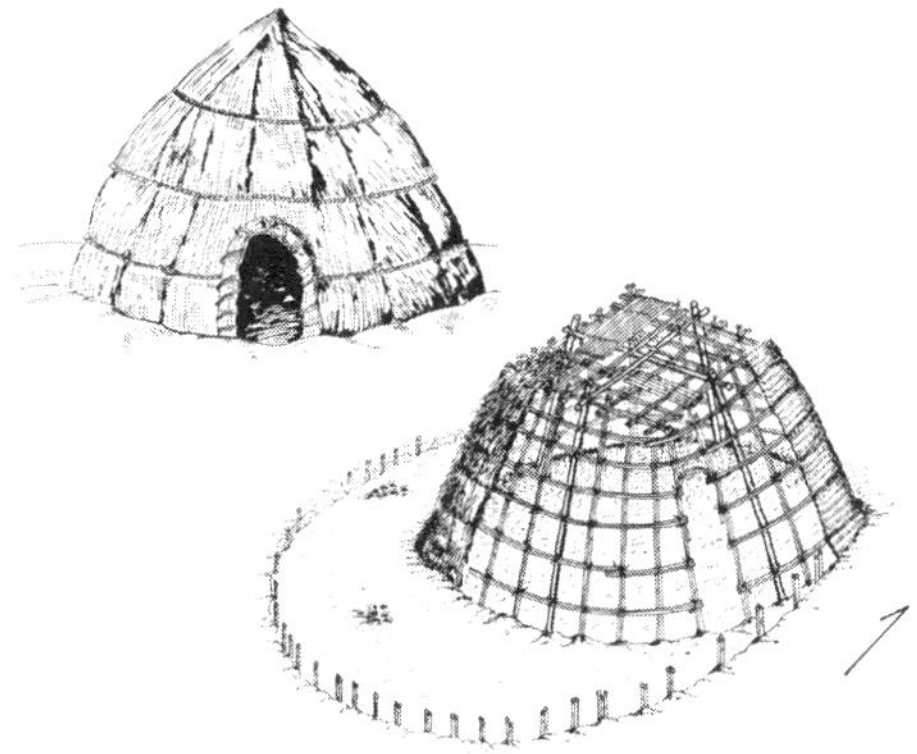

図5　パロマ遺跡における住居の復元図。遺跡からは円を描くように柱穴がならび、植物を材とした家屋の上部構造が出土している。その出土状況から図のような住居が復元できる。（Quilter 1989: fig.9 から転載）

3　海と文明のかかわり

古期のコスタでは、ペルー中央海岸のパロマ遺跡を代表例として、海産資源を集中的に開発するような定住集落（図5）が出現する［Quilter 1989］。そうした状況はクルス・ベルデ遺跡が位置する北海岸でも同様のものと考えられている一方で、北海岸における近年の調査により、トウモロコシ（*Zea mays*）やカボチャ（*Cucurbita* spp.）、トウガラシ（*Capsicum* spp.）、ワタ（*Gossypium barbadense*）をはじめとする多様な栽培植物の利用も一定程度行われていたことがわ

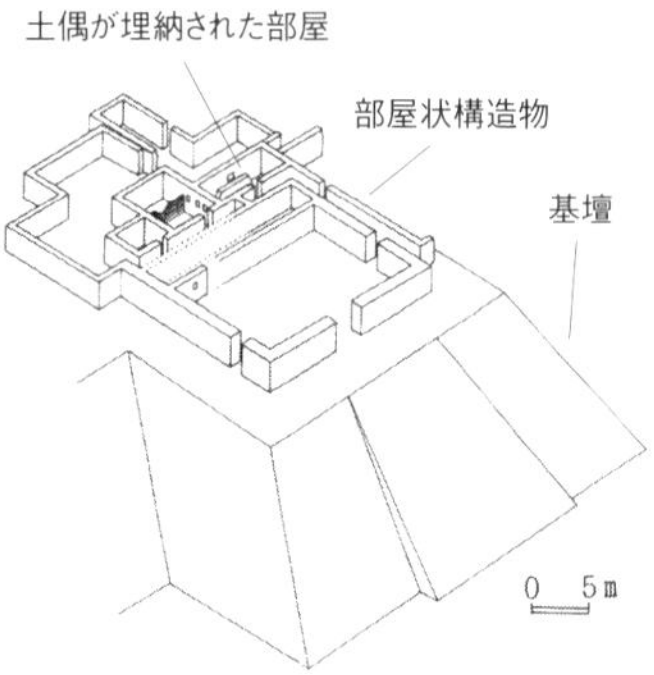

図6　アスペロ遺跡のワカ・デ・ロス・イドロス神殿復元図。ピラミッド状の基壇と部屋状構造物からなる神殿の一例。古い神殿を埋め立て、そのうえに新しい神殿を繰り返し立て直すため、基壇の内部を発掘すると、埋められた古い神殿が積み重なって出土する。(Feldman 1985 から転載)

かってきた〔Grobman et al. 2012〕。漁撈活動を中心とした定住的な生活が営まれるようになるとともに、沿岸部周辺の湿地帯を利用した植物栽培も少しずつ行われるようになっていたといえる。

それが形成期になると状況は一変し、神殿を中心とした社会変化が起こっていくことになる。神殿とは基壇[3]や半地下式広場などの整然とした配置、増改築を伴う反復的な建設活動などによって特徴づけられる建造物である。しかし、労働力をコントロールする権力者の存在を示すデータは神殿の出現期になく、神殿の建設やそこでの祭祀活動は、自主的な協働労働によって維持されていたと考えられる〔Burger and Salazar 1991〕。むしろ、神殿で繰り返される協働的な活動の結果として、社会階層や権力構造が生み出されることになっていったようだ〔Rick 2005; 関 二〇〇六〕。

コスタでは、この神殿の建設がシエラに先行して開始されるとみられることから〔Shady and Leyva 2003; Fuchs et al. 2009〕、定住的な漁撈によって得られる豊富で安定的な海産資源を背景として、神殿が建設されはじめるという仮説が古くから提唱されてきた〔Moseley 1975〕。実際に、この時期の神殿を有する遺跡は沿岸部に目立つ。中央海岸のアスペロ遺跡では、一七もの大小の神殿が報告されており、階段状に高くなった基壇の上には、石を芯にした泥壁によって部屋状の構造物が建設されていた(図6)。これらの部屋は一定の利用期間を経たのちに埋め立てられ、より大きな基壇へと増改築されていく。その上に同じような部屋を新たに造るなど、この時期の神殿の特徴ともいうべき反復的な建設活動のプロセスがいずれにおいても確認されている。そのうちの一つには奉納用の穴が地面にあけられ、一三体もの焼いていない男女の土偶が埋められていた〔Feldman 1985〕。こうした沿岸部の遺跡からの出土品には、貝や魚の骨などの海産物が圧倒的に多く、漁網や釣針なども見つかっている。神殿を築いた人々が海産資源に依存していたことは間違いなく、先述の仮説もある程度の信憑性がある。

一方で事態はそう単純ではない。同じコスタの内陸部、河川流域においても大規模な神殿群が確認されているのである。アスペロ遺跡から河川を二五キロメートルほど上流に遡っていったところに、カラル遺跡が位置している（写真8）。二〇〇九年にユネスコの世界文化遺産にも登録されたこの遺跡には、全体で六六ヘクタールの範囲に三〇以上の神殿が建ち並び、周囲には多数の住居も築かれている。遺跡の立地を考えると、農業に従事していたことは間違いない。しかし、植物利用の痕跡が見つかっていると同時に、大量の魚貝類も出土していることから、海産資源により依存していたとみるべきであろう。

写真8　複数の巨大な基壇で構成されるカラル遺跡の神殿群。およそ66ヘクタールの範囲に30以上の祭祀建造物が立ち並ぶ。2009年にユネスコの世界文化遺産に登録された。

沿岸部に立地する遺跡と内陸の河川流域に立地する遺跡の間で、神殿の建築的特徴には多くの類似性が認められる。すなわち、両者には密接な関係性があったと考えられるのだ。カラル遺跡の調査者であるルトゥ・シャディ（Ruth Shady）は、内陸のカラル遺跡が農業生産物を沿岸部へ供給し、反対に沿岸のアスペロ遺跡は海産物を内陸の遺跡へ供給するというような交換システムが成立していたとみている〔Shady and Leyva 2003〕。内陸で栽培されるワタやヒョウタンは、沿岸部において漁網や浮きに利用され、漁撈活動を集約的に行ううえで必要不可欠な資源であることから、海産資源を効率的に利用するための相互依存関係にあったといえるだろう〔Patterson 1971〕。

このようにみてみると、古期と形成期の間には、劇的な変化が起きていたように思える。それは、神殿の有無ということだけでなく、海産資源に対するアプローチの仕方にも大きな変化が生じていたと考えられ、アンデス文明の行く末を占う決定的な出来事であった。しかし、なぜ、そうした変化が生じていったのかという根本的な問題についてはいまだに明らかではない。現在は、「最古の神殿」を求めて多くの調査が実施されるなど、形成期の初期に焦点を当てた研究が盛んに行われている。ただし、上述の問題は形成期研究を邁進させるだけでは解決できないことも想像に難くない。なぜならば、そもそも古期の漁撈集団に関する研究が進んでいないという状況のうえに今の仮説が成り立っているからだ。古期の人々がどのように海産資源を開発し、どのように海と向き合ってきたのかという点が分からない限り、その後に起きた形成期の変化を正しく評価することはできないだろう。そういう意味で、今、古期の沿岸に住んでいた人々と自然環境の関係性を明らかにするような研究や集団像に迫るような研究が求められているのである。幸いにも、私が調査したクルス・ベルデ遺跡では、そのような課題に迫るための良好なデータを得ることができた。それでは、クルス・ベルデ遺跡の発掘調査からどのようなデータが得られたのか、次にみていこう。

二　クルス・ベルデ遺跡の発掘

1　調査地の概要

クルス・ベルデ遺跡は、ペルー北海岸のラ・リベルタ州、チカマ川下流域沿岸部に位置している（図7）。現在の海岸線から約二〇〇メートルの距離にあたる海岸段丘の微高地に立地しており、チカマ川の河口から北に約六キロメートル、最寄りのマグダレーナ・デ・カオ村から南西に約四キロメートル離れている。また、このチカマ川流域の沿岸部には、古期の活動によって形成された盛土状の遺構が複数存在し、ワカ・プリエタ遺跡やパレドネス遺跡[Bird et al. 1985, Dillehay et al. 2012b]など、クルス・ベルデ遺跡と類似する盛土状の貝塚が各地で築かれていたようだ。これらの遺跡は、いずれも沿岸部に形成されており、とくにチカマ川やその支流の河口に位置している。クルス・ベルデ遺跡でも、チカマ川の小さな支流が海へと流れ込む河口付近に立地していたことが確認されており(4)、そうした特殊な生態環境を開発していた人々が残した遺跡であることは間違いない。

クルス・ベルデ遺跡は、南西側に位置するやや急傾斜な盛土（A―2マウンド）と二〇〇メートルほど離れたやや扁平な盛土群（B―1～3マウンド）、およびその間に広がる平坦地形（A―1平坦面）の三つから構成されている（図8）。このうちのA―1平坦面からは形成期中期初頭（紀元前一二〇〇年前後）の土器が出土しており、マウンド群が形

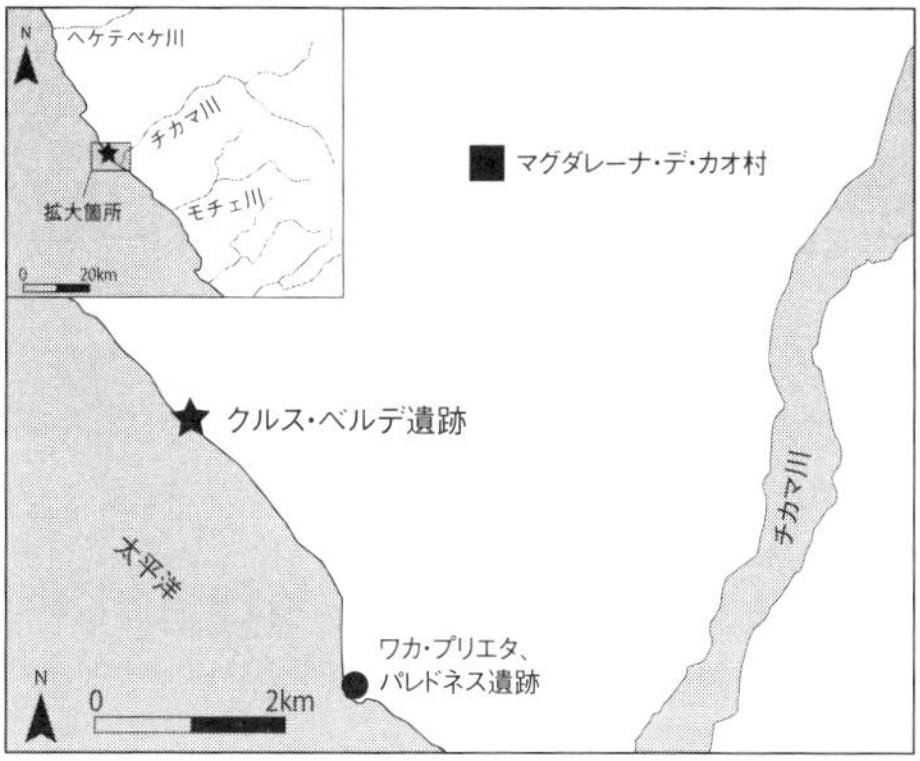

図7　クルス・ベルデ遺跡と近隣の村、他の遺跡との位置関係。チカマ川の右岸にあたる沿岸部に位置している。ワカ・プリエタ遺跡、パレドネス遺跡は同時代の遺跡であり、クルス・ベルデ遺跡と類似するマウンドである。同様のマウンドは、チカマ川流域の沿岸部で多く報告されている。

写真9　クルス・ベルデ遺跡のA-2マウンド（北からの眺望）。やや傾斜のあるマウンドであり、土中に埋まった食糧残滓などによって土壌は黒色を呈する。写真は発掘作業中の様子。

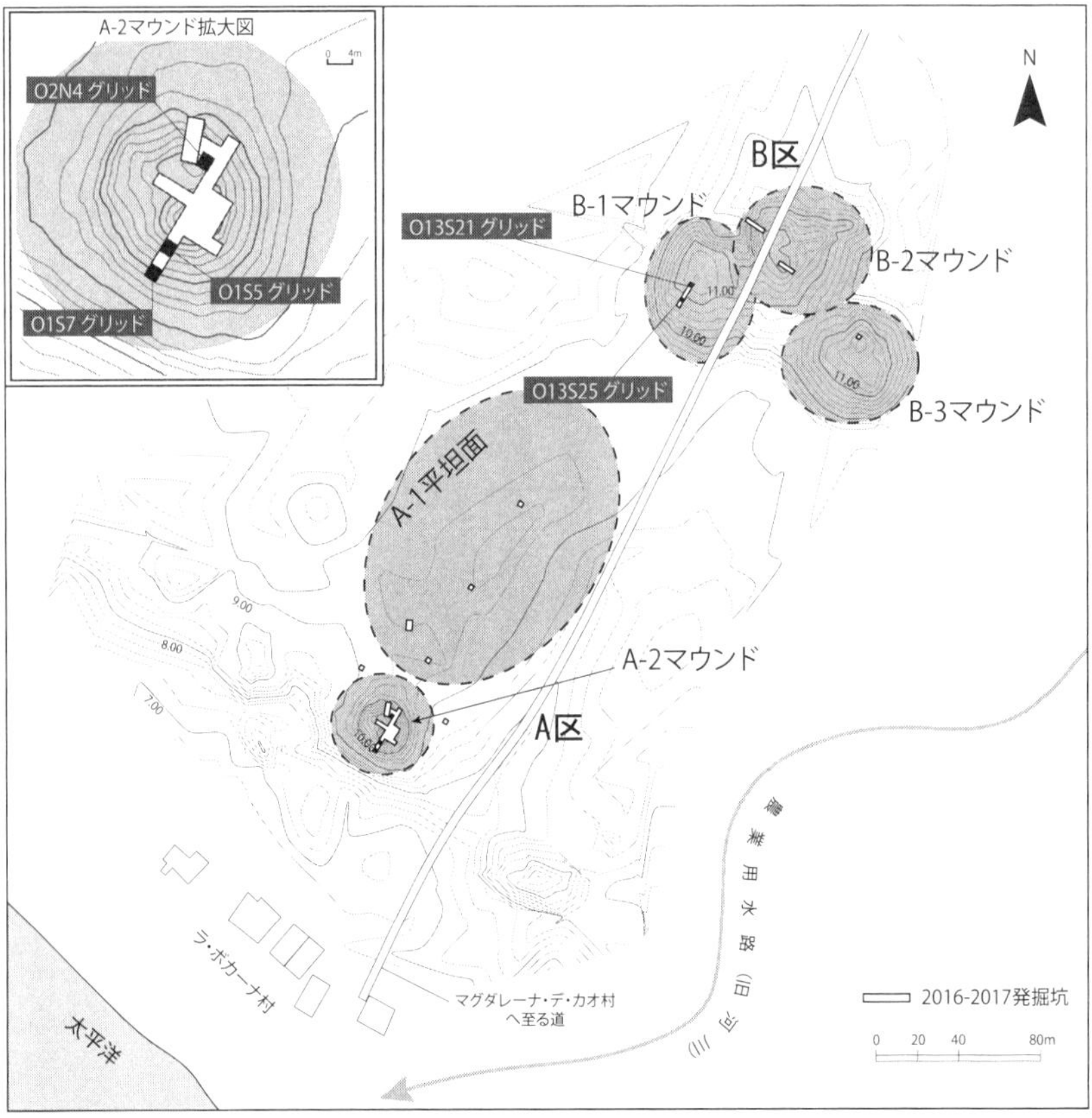

図8　クルス・ベルデ遺跡におけるマウンドの名称と発掘坑。等高線から、海岸段丘上にある遺跡の立地や、小さな丘のように盛り上がったマウンドの形状がみて取れる。図中に示された5つのグリッドは本書で分析対象とした貝類の出土地点。

成された後に小規模な居住活動がここで行われていたことが分かっている〔荘司・ラ＝ロサ　二〇一七〕。また、そのほかのマウンドは古期の活動によって大部分が形成されたものの、その表層から上層部には地方発展期と地方王国期にあたる活動の痕跡も認められる。長期的で断続的な活動がこの遺跡で繰り広げられていたことが、二〇一六年と二〇一七年に行われた調査によって明らかになった。

このうち、本書で取り上げるのは、主に古期の活動によって形成されたA―2マウンド（写真9）と、その後の形成期早期の活動で形成されたB―1マウンド（写真10）と呼ばれる盛土状の貝塚である。この二つの遺構は、いずれも中央アンデスで土器がつくられるようになる以前、つまり先土器時代と呼ぶことのできる時代（～紀元前一八〇〇年）に属している。

写真10　クルス・ベルデ遺跡のB-1マウンド（南からの眺望）。A-2マウンドと比べると非常になだらかであるが、面積はより広い。写真中央の黒色土がマウンドを構成する土壌であり、マウンドのへりにあたる。

2　発掘調査の成果と遺跡の形成プロセス

二〇一六年と二〇一七年に、それぞれ約一か月かけて実施された発掘調査では、これら二つの盛土状の遺構がどのように形成されたか、その過程が明らかになった。とくに集中的に発掘調査が行われたA―2マウンドでは、大量の食糧残滓や、使い込まれて破損した石器や動物骨・貝殻を利用した道具類が層状に積み重なって検出されていることから（写真11）、この盛土遺構は日々の生活の中で消費された生態資源の残滓が繰り返し廃棄されて形成された、「ゴミ捨て場」のような場所であったといえる。

一方で、我々がイメージするような単なる「ゴミ捨て場」とは異なるた。13時になったら声をかけて作業を再開し、15時半に終了となる。

ただし、村に帰ったあとも考古学者の仕事は終わらない。まずは、その日に持ち帰った遺物と現場でつけた記録の照合作業をしなければならない。現場は慌ただしいため、簡単なミスが起こりうるのだ。記憶の新しいうちにやっておかないと後で取り返しのつかないことになる。その後、その日の作業日誌をつけ、順番にシャワーを浴びて少々休憩し、18時半頃に夕食をとる。夕食後、現場で取った図面と測量データの整理を行い、次の日の調査計画をまとめる。ほかにも、調査資金の管理や作業員の勤務記録、食事の手配など、休む暇がないほどに忙しい。大好きなビールの代わりに炭酸水を飲み、気分だけ味わってから就寝する日々であった。

発掘調査中の一日

6:00 起床
- 朝食
- マグダレーナ・デ・カオ村を出発

現場での作業

7:00 クルス・ベルデ遺跡に到着
- 発掘調査の準備
- 作業員の点呼

7:30 発掘調査の開始
- 発掘作業
- 出土遺物の記録、管理、図面の作成

12:00 昼食
- 休憩、昼寝

13:00 作業の再開
- 発掘作業
- 出土遺物の記録、管理、・図面の作成

15:30 発掘調査の終了・撤収

宿泊所などでの作業

- 出土遺物と記録の照合作業
- 調査日誌の作成

18:30 夕食
- 調査成果と今後の計画について会議

19:30 調査データの整理
- 図面の確認・整理
- 学生の指導、日誌の添削
- 調査資金の計算などの事務作業

23:00 就寝
- 調査計画の確認と修正

◀発掘調査を行ったある日のタイムスケジュール。調査中は、マグダレーナ・デ・カオ村の空き家を一棟貸し切って、ペルー人5名とともに共同生活をしていた。

コラム1

発掘調査の一日

「考古学をやっています」というと、名作映画「インディ・ジョーンズ」が引き合いに出されて話が弾むこともあるし、最近では人気漫画のキャラクターになぞらえられることもある。もう少し知っている人ならば、ペンキ塗りのハケなどで土をどかしつつ、土器などがあらわになっていく様子を想像するかもしれない。しかし実際の発掘作業は、映画のように派手なものでもないし、繊細な作業が常に行われているわけでもない。

とくに私の調査したクルス・ベルデ遺跡は、結晶化した硬い硝石の地層に覆われているため、まずはこれを壊して取り除く必要がある。勢いよくツルハシを振り下ろし、スコップで土を一輪車の台車に乗せて運ぶさまは、とても「調査」しているようにはみえない。その後、地層を一枚一枚はがすようにして掘り進めていくが、そこでも同様の道具や土を削るコテのような道具が使われる。発掘を手伝ってくれる現地の作業員は、日々の畑仕事によって道具の扱いに長けており、たとえツルハシであっても実に繊細に作業をこなすのだ。考古学者は、それを手伝いつつ、遺物や遺構の検出された地点・層位を記録しながら、過去にどんな活動が行われていたのか、パズルを組み上げるように復元していく。

そんな発掘調査の朝は早い。遺跡から最寄りの村で共同生活するペルー人考古学者と学生、そして私の6人で朝食をとり、6時半に村を出る。7時頃に遺跡へ到着して作業の準備にあたり、村で募った作業員が集まるのを待って作業を始める。普段から寝坊の多い学生が寝ぼけまなこで作業にあたるのに対し、村の作業員たちは元気におしゃべりをしながら手を動かす。上述のように力仕事が多いため、12時から昼食をとったあと作業員は各々に日陰をみつけて昼寝をするのが日課となってい

写真11　考古遺物が積み重なるA-2マウンドの発掘坑断面。マウンドの断面を切るように掘ると、幾層にも積み重なった貝殻や魚骨、石器などが検出される。そうした出土状況は、このマウンドが長い年月をかけて少しづつ積みあがってきたことを示唆する。

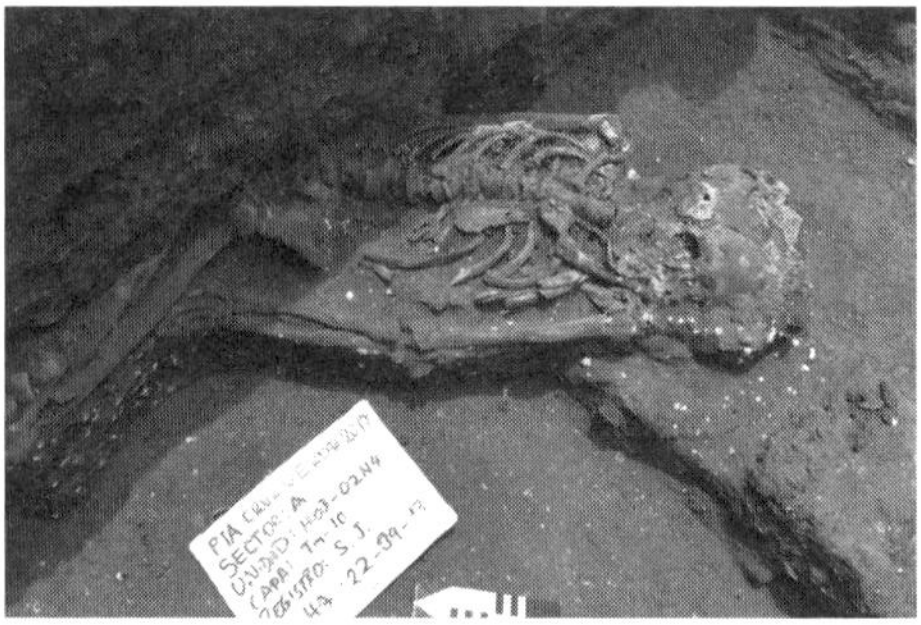

写真12　A-2マウンドで検出された埋葬の一例。マウンド内部の地層からは、食糧残滓や廃棄された道具類だけでなく、9体の埋葬人骨も出土した。遺体が打ち捨てられたわけではなく、墓穴を掘り、副葬品を供えるなど、しっかりとした葬送行為が行われていた。

特徴も見つかっている。この盛土状の遺構では、食糧残滓が積み重なる過程で埋葬された被葬者の人骨（写真12）や、廃棄された食糧残滓を均《なら》し、粘土を敷いて作った床（写真13）も付されていたのである。とくにそうした状況は、盛土状の遺構が長い時間をかけて巨大化していくプロセスの後半に特徴的であることから、埋葬や床の建設活動が行われていなかった段階を一期（紀元前四二〇〇〜四〇〇〇年）、それが行われるようになる段階を二期（紀元前四〇〇〇〜三八〇〇年）として区分することができる。(5) すなわち、廃棄物が積み重なっていく中で大きくなっていく「ゴミ捨て場」としての貝塚は、二期になって異なる性格が付与されていくのである。この時期にA―2マウンドという盛土遺構は、それまでと異なった存在として、当時の人々によって位置づけられていったようである。

その後、このA―2マウンドでの活動が終わりを迎え、若干の断絶を挟みながらも人々の活動はB―1マウンドへと移っていったと考えられる。形成期早期に該当するB―1マウンドでの活動はクルス・ベルデ遺跡において三期（紀元前二八〇〇年前後）と呼んで位置づけることができる。しかし、その活動の規模は古期にあたる一期や二期と比べてかなり縮小され、盛土遺構の形状もA―2マウンドとは異なり、なだらかで扁平なものとなっている。同じ地域で報告されているクルス・ベルデ遺跡以外の遺跡のデータを参照するならば、クルス・ベルデ遺跡のB―1マウンドでは限定された小規模な活動が行われていたにすぎないと想定できる。一期や二期と同様に、食糧残滓の廃棄が繰り返されることで形成された貝塚といえるが、埋葬や床の建設は行われていなかった。活動の規模が小さいために、どのような社会状況にあったのかは定かでないものの、形成期早期に行われていた生態資源利用の一端を示すデータとしてみなすことができる。

3　出土遺物と本書で扱うデータ

このように、クルス・ベルデ遺跡は様々な時代の活動が断続的に繰り返される中で残された遺跡であることがわかる。その中でも、発掘調査でまとまったデータが得られたのは、古期にあたるA―2マウンドの一期と二期であり、この時期の漁撈民の活動について本書で解き明かしていくことにしよう。

一期と二期の盛土遺構からは、非常に多様な考古遺物が出土しているが、その大部分を占めるのはオタリア[6]（*Otaria sp.*）をはじめとする海獣や海鳥、魚類などの動物骨（写真14）や、貝殻（写真15）といった食糧残滓である。このことからもわかるように、当時のクルス・ベルデ遺跡の人々は海産資源に大きく依存するような生活を営んでいたといえよう。貝殻を削って作った釣針（写真16）や石でできた錘《おもり》（写真17）など

写真13　部分的に残存するA-2マウンドの粘土床。度重なるマウンドでの活動で、マウンド表面の残存状況はそれほどよくないものの、粘土質の土壌をひいて固い床がつくられていたことがわかる。床はなんども張り替えられている。

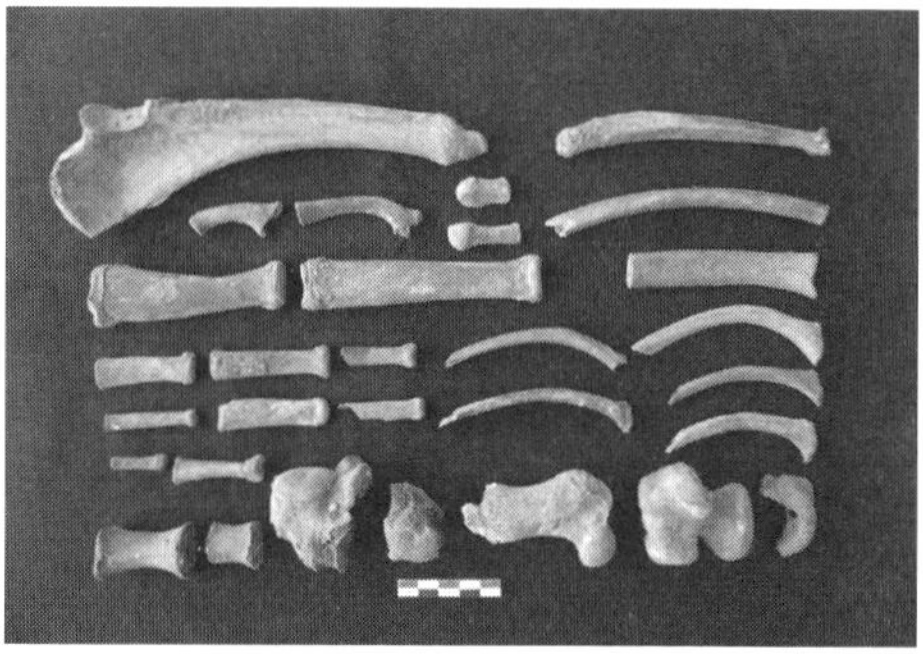
写真 14　クルス・ベルデ遺跡から出土した動物骨（海生哺乳類）

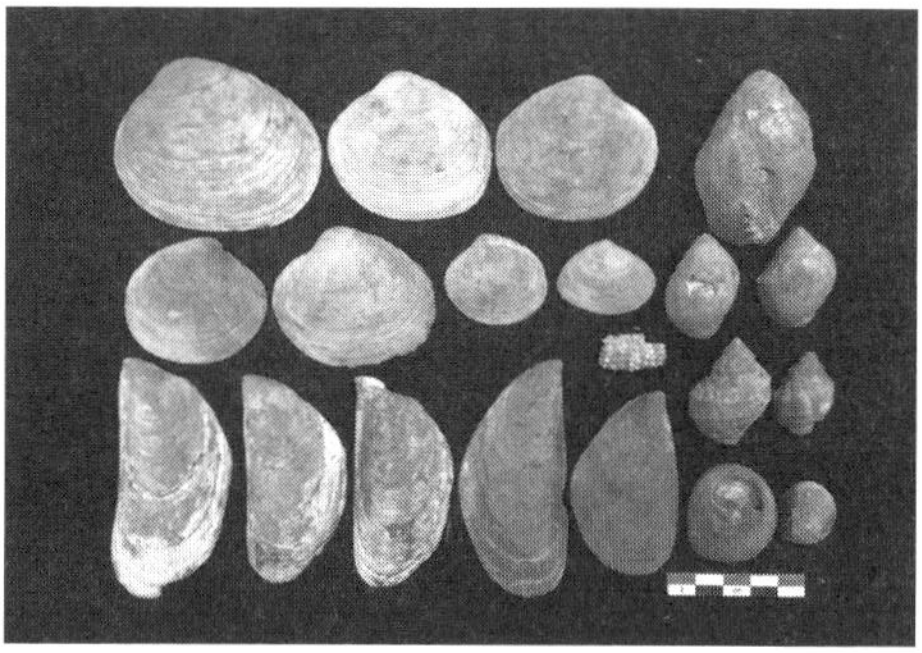
写真 15　クルス・ベルデ遺跡から出土した貝類

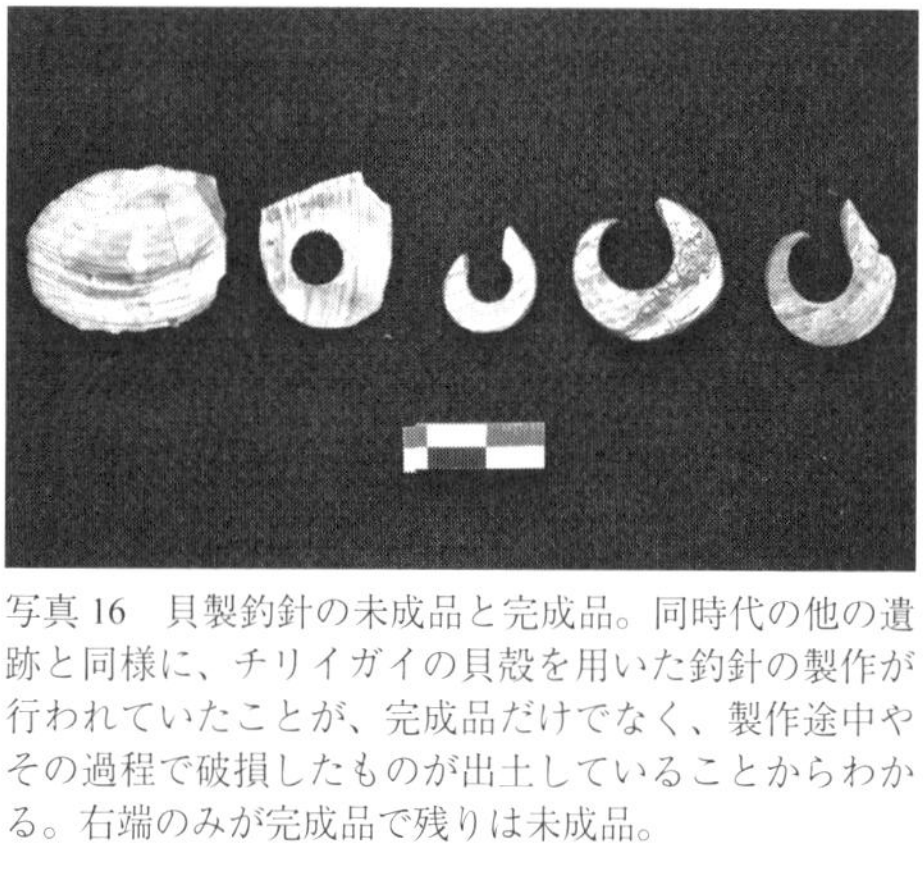
写真 16　貝製釣針の未成品と完成品。同時代の他の遺跡と同様に、チリイガイの貝殻を用いた釣針の製作が行われていたことが、完成品だけでなく、製作途中やその過程で破損したものが出土していることからわかる。右端のみが完成品で残りは未成品。

も出土しているのは、その証左である。一方で、二期になって多く検出されるようになる埋葬や粘土が敷かれた盛土を覆う床の存在は、盛土状の貝塚を形成してきた人々の活動に何らかの変化が起きていたことを示唆している。それでは、一期と二期の間で起きた変化とはいったいどのようなものであり、どのような要因によって引き起こされたものであったのだろうか。

この貝塚が長く続いてきた生態資源利用の結果として形成されたものであるとするならば、その謎を解く鍵は海と向き合ってきた人々の資源利用の在り方そのものにあると私は考えた。そこで本書では、当時の人々の資源利用がどのようなものであり、どのように変化してきたのかを明らかにするため、クルス・ベルデ遺跡から出土する貝殻に焦点を当てた動物考古学的な分析を行ってみたい。前述の通り、遺跡から出土する貝殻は、当時の人々による貝類の採集活動を表すと同時に、当時の自然環境を復元するうえでも有益な情報を多く有しているためである。この貝殻の分析を通して、古期のクルス・ベルデ遺跡で営まれていた環境と人の関係性にアプローチしてみよう。

なお、これから紹介する動物考古学的な分析では、A—2マウンドの一期と二期の地層から出土した貝殻に加えて、B—1マウンドから出土した貝殻についても分析の対象としていくことになる。そのねらいは、形成期早期にあたる三期を比較対象とすることで、古期（一期および二期）における貝類採集の特徴を浮き彫りにすることにある。分析対象となったのは、A—2マウンドの三つのグリッド[7]から出土した貝類（一期、二期）とB—1マウンドの二つのグリッドから出土した貝類（三期）である。一期〜三期まで、発掘調査によって得られた排土の体積は、順に五・二九八立方メートル、五・〇九一立方メートル、五・三五二立方メートルと、ほぼ同じとなっている。それでは、遺跡から出土する貝殻からどのようなことがわかるのか、実際にみてみよう。

写真17　出土した石錘。丸石に浅い溝をほり、おそらく縄などを結んで錘として利用されていた石器。漁網や釣針のための錘としての使用が想定される。

三　貝殻の動物考古学

1　動物考古学とは？

動物考古学とは、遺跡から出土する動物の遺体（主に骨、歯、角、貝殻など）から、人と動物の関係を歴史的に繙く考古学の一分野である。動物の遺体を扱うものの、その研究対象はあくまでも人間であり、動物に関係した過去の人間の活動を復元することを目的としている [Reitz and Wing 1999]。その研究の方法は大きく三つに分けられるだろう。

一つは、動物の遺体がどのような状態にあるのか、そして遺跡からどのように出土したのかという点を観察することによって、ある動物が人間に獲得、消費、廃棄されて、遺跡として土に埋没していくプロセスを復元しようとするものである。例えば、遺跡から出土する動物骨の破損状況を観察してみると、骨の破断面の状態には一定のパターンが見受けられることがある。解体されたばかりで、まだ水分が残った状態の骨と、時間が経過して乾燥した骨では、それぞれ異なる破断面を呈する。つまり、骨の破断面を見れば、その骨が人間に解体されたすぐあとに、骨髄を食用に採取するなどの理由で打ち砕かれたのか、あるいは遺跡として埋没していく過程で破砕したのかが推察できるのである。

遺跡から出土した動物の遺体は、出土状況を記録したのちに収集されて分析室などへ持ち帰られる。そこで行われるのが、二つ目の研究方法にあたる動物種の同定作業である。動物の遺体は、それぞれの生物種によって特有の形状をしているので、その形態的な特徴から動物の科・属・種といったカテゴリーを特定することができる。遺跡から出土した動物の遺体は、すでに特定されている標本(現代の動物の骨など)と比較され、動物種の特定が試みられる。

動物種の同定作業を経たうえで行われるのが、三つ目の定量分析である。特定の動物種の遺体が、ある遺跡からどれぐらいの数量や重量で出土しているのかを数えることで、そこで消費され、残された動物相の全体像と動物種の割合を明らかにすることができる。例えば、それが動物遺体の出土する地層に伴って通時的に変化していることがわかった場合、そこで活動していた人々の食性や廃棄活動の変化などに迫ることができるのである。また、動物遺体の数量だけではなく、特定の部位の大きさを計測するなどの定量分析も行われる。そこからは、人間によって利用された特定の動物種の個体群が、自然界に生息する個体群全体の中でどのような偏りを持っているのかなどが明らかになる。

このように動物考古学は、考古学の中でもより専門的な知識を必要とする学問であり、その研究手法も動物考古学者による長年の研究蓄積の中で発展してきた。

しかし、発掘調査の実施や石器、土器などの人工遺物の分析など、オーソドックスな考古学の手法を専門としてきた私は、動物考古学の専門的な知識を持ち合わせていなかった。さらにいえば、ここで相手にするのはなじみのないペルーの動物相である。貝類に的を絞ったとしても、潮干狩りで目にする日本の貝とは違う。動物種を同定するためには標本資料も必要となる。つまり、動物考古学の専門的な知識を得るには、実際にペルーに行って標本資料を見ながら学ばなければならないのである。

そこで私は、二〇一八年にペルーへ留学することを決め、動物考古学の専門家の下で貝殻を中心とした動物考古学の基礎と研究手法を身につけることにした。そして、その研究手法をもとにクルス・ベルデ遺跡から出土した貝殻の動物考古学的な分析を実施したのである。上述の研究手法でいえば二つ目と三つ目にあたる貝殻の同定作業と定量分析の結果を本書で紹介することにしよう。

2　種の同定

〈分析の方法〉

貝類の種同定は、現生の貝類標本との比較によって行われた。この同定結果とその資料数を貝殻の出土した地層および、出土地点ごとに整理することで、一期〜三期までの三つの時期における貝類利用の変化が明らかになる。数量については、完全な形で貝殻が保存されているか、破片かにかかわらず、種が同定された資料の総数が算出されている。こうして算出される資料の点数は、「同定資料数」（NISP）と呼ばれる。しかし、遺跡から出土する貝殻は、もともと同一の個体が複数の破片に砕けている場合も多い点に注意すべきだろう。この場合、貝殻の破片もすべてカウントする同定資料数は、本来の個体数よりも多くなってしまうだけでなく、貝種に左右される貝殻の砕けやすさも分析結果に影響を与えてしまう。そのため、同定資料数の持つバイアスを最小限に抑えた出土数の算出

写真18　スカシガイ（カサガイ類）の貝殻。貝頂の穴は、もともと備わっているもの。貝殻が一枚で構成されるが、巻貝のようにらせん状の構造にならない。アワビのように岩に吸着する。

方法としての「最小個体数」（ＭＮＩ）［cf. Harris et al. 2015］、および重量も同時に算出して併記することにした。三つの時期の量的な比較には、出土総数における最小個体数の割合（％）が用いられた。

〈分析結果〉

貝殻の同定資料数は、総じて五〇〇九点であり、貝類のうち、多板綱（三つ以上の殻で構成されるヒザラガイなど）は四点、腹足綱（一つの殻で構成される巻貝およびカサガイなど、写真18）は三六一九点、二枚貝綱（二枚貝）は一三八六点という内訳になっている。時期ごとの同定資料数は一期で一八三〇点、二期で二五一四点、三期で六六五点である。同定種ごとの出土量は表2に一覧として示した。このうち、最小個体数が全体の一％に満たないものを「その他」にまとめ、最小個体数の割合をグラフで示して時期ごとに比較したものが図9である。このグラフを見ると、三つの時期の間でそれぞれ利用される貝種の割合が大きく変化しているのがわかるだろう。

一期において利用される貝類は巻貝に大きく偏るものの（図10）、貝種の内訳は比較的に均等に分散されている。二〇％を超えて優占する貝種は存在しない。二枚貝については、チリイガイ（*Choromytilus Chorus*）が多く出土しており、そのほかの貝種は少ない。

二期においても巻貝が多く出土する傾向は変わりないが、チョコレートレイシ（*Thais chocolata*）という中型の巻貝が三一％を占めるなど大きく増加している。そのほかの巻貝の利用は相対的に減少するなど、特定の貝種に偏った貝類利用が認められる。二枚貝では、チリイガイの数がやや減少し、代わってオオヌノメアサリ（*Protothaca thaca*）

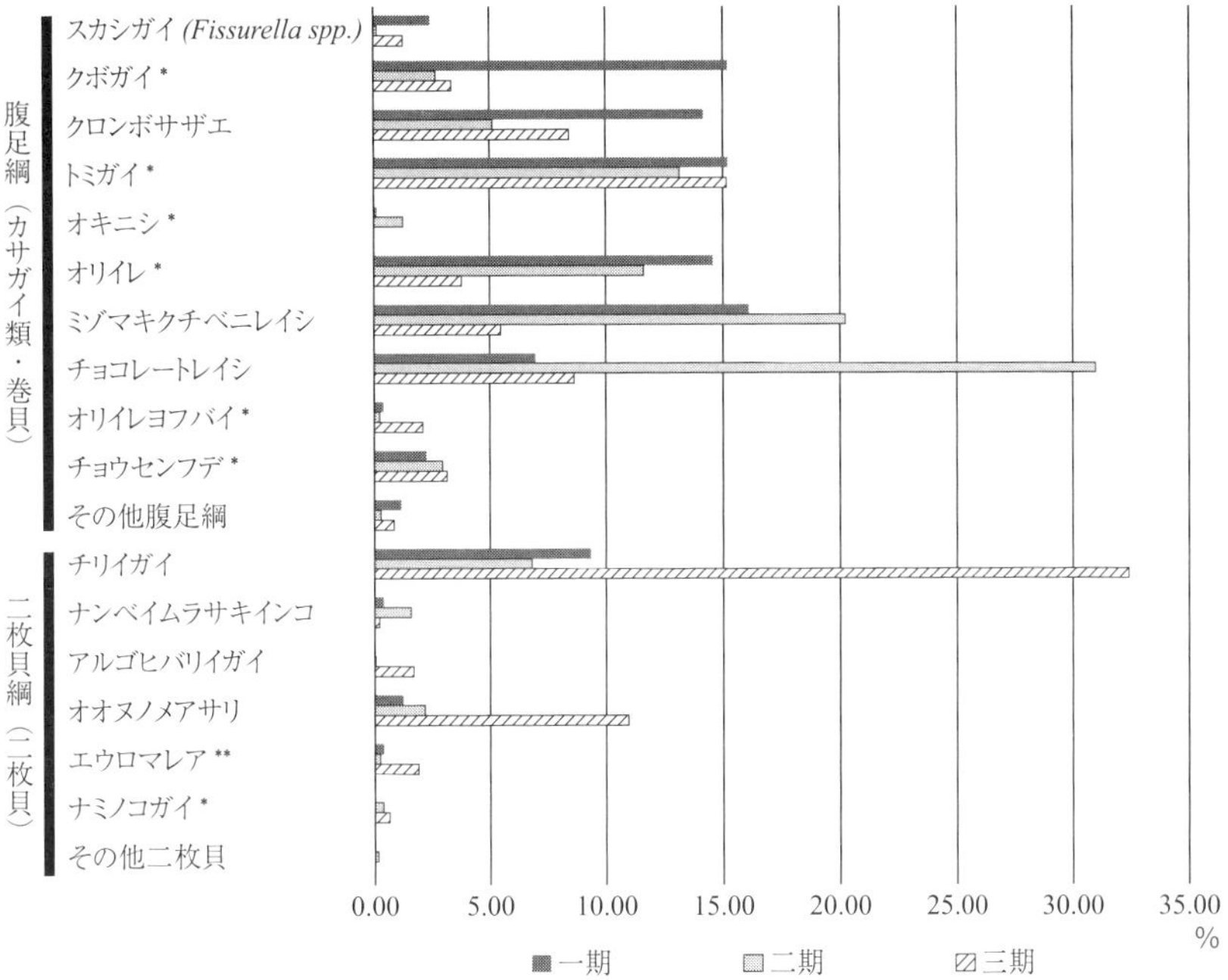

※時期ごと、同定種ごとの個体数と割合は表 2 を参照

図 9　一期・二期・三期の出土貝類における同定種ごとの最小個体数の割合

貝類の和名は、公開されている微小貝データベース（https://bishogai.com/）を参照した。本書で扱うのはペルーに生息する貝類のため、種の和名が存在しないものが多くある。和名のないものについては次のように対応した。

* 種名はないが、属名に和名があるものは、属名に従った和名を示した。

** 属名も和名がない場合は、学名をカタカナで表記した。

学名と各々の種、本書で用いる和名の対応関係および、時期・種ごとの最小個体数は表 2 を参照。

4000-3800年）	三期（紀元前2800年）				合計			
重量（g）	MNI	%	NISP	重量（g）	MNI	%	NISP	重量（g）
—	—	—	—	—	4	0.1	4	7.0
2.0	6	1.3	6	8.0	23	0.5	23	85.0
3.0	—	—	—	—	4	0.1	4	18.0
8.0	—	—	—	—	3	0.1	3	38.0
—	—	—	—	—	7	0.2	7	138.0
—	—	—	—	—	10	0.2	10	104.0
226.0	16	3.4	25	66.5	310	7.4	357	1326.5
—	1	0.2	1	5.0	1	0.0	1	5.0
209.5	40	8.4	47	58.5	371	8.9	390	684.0
—	—	—	—	—	3	0.1	3	5.0
4.0	1	0.2	1	1.0	3	0.1	3	6.0
11.0	—	—	—	—	4	0.1	4	15.0
645.0	72	15.2	72	117.0	592	14.1	594	1139.0
158.0	—	—	—	—	29	0.7	29	178.0
457.0	18	3.8	18	32.0	495	11.8	496	759.7
1404.0	26	5.5	26	84.0	713	17.0	714	2150.0
4501.0	41	8.6	44	445.5	818	19.5	832	5384.5
—	—	—	—	—	1	0.0	1	5.0
3.0	—	—	—	—	1	0.0	1	3.0
—	—	—	—	—	5	0.1	5	198.0
4.5	10	2.1	10	5.0	21	0.5	21	12.5
—	1	0.2	1	3.1	1	0.0	1	3.1
112.0	15	3.2	16	30.0	114	2.7	115	204.0
—	—	—	—	—	3	0.1	3	2.0
1.0	1	0.2	1	1.0	2	0.0	2	2.0
2706.0	154	32.4	289	1935.0	446	10.7	1084	7025.0
51.0	1	0.2	1	1.0	41	1.0	70	59.5
0.3	8	1.7	14	6.0	9	0.2	15	6.3
8.0	—	—	—	—	1	0.0	1	8.0
950.0	52	10.9	81	678.0	118	2.8	180	1868.0
81.0	9	1.9	9	103.5	20	0.5	21	265.5
2.0	—	—	—	—	1	0.0	1	2.0
3.0	—	—	—	—	1	0.0	1	3.0
7.0	3	0.6	3	4.5	11	0.3	13	11.5
11557.3	475		665	3584.6	4186		5009	21721.1

について広く認識された呼称がある場合はこれを和名として示した。「ヒザラガイ」は多様な属・種を含むが、多板綱を指す慣習的な和名である。*** 属名も和名がない場合は、学名をカタカナで表記した。

表2　クルス・ベルデ遺跡から出土した貝類の最小個体数・同定資料数・重量一覧

		一期（紀元前 4200-4000 年）				二期（紀元前		
No.	同定種	MNI	%	NISP	重量（g）	MNI	%	NISP
	多板綱（ヒザラガイ類）							
1	ヒザラガイ ** *Enoplochiton niger*	4	0.3	4	7.0	—	—	—
	腹足綱（カサガイなど）							
2	ペルースカシ *Fissurella peruviana*	16	1.0	6	75.0	1	0.0	1
3	スカシガイ * *Fissurella limbata*	3	0.2	3	15.0	1	0.0	1
4	スカシガイ * *Fissurella crassa*	2	0.1	2	30.0	1	0.0	1
5	スカシガイ * *Fissurella latimarginata*	7	0.5	7	138.0	—	—	—
6	ダイオウスカシ *Fissurella maxima*	10	0.6	10	104.0	—	—	—
	腹足綱（巻貝）							
7	クボガイ * *Tegula atra*	236	15.2	270	1034.0	58	2.7	62
8	クボガイ * *Tegula euryomphalus*	—	—	—	—	—	—	—
9	クロンボサザエ *Prisogaster niger*	220	14.2	225	416.0	111	5.1	118
10	カニモリガイ *Cerithium stercusmuscarum*	3	0.2	3	5.0	—	—	—
11	フネガイ * *Crepipatella dilatata*	1	0.1	1	1.0	1	0.0	1
12	フクロガイ * *Sinum cymba*	1	0.1	1	4.0	3	0.1	3
13	トミガイ * *Polinices uber*	236	15.2	237	377.0	284	13.1	285
14	オキニシ * *Bursa ventricosa*	2	0.1	2	20.0	27	1.3	27
15	オリイレ * *Xanthochorus buxea*	226	14.6	226	270.7	251	11.6	252
16	ミゾマキクチベニレイシ *Thais haemastoma*	250	16.1	250	662.0	437	20.2	438
17	チョコレートレイシ *Thais chocolata*	108	7.0	109	438.0	669	31.0	679
18	レイシガイ * *Thais delessertiana*	1	0.1	1	5.0	—	—	—
19	コウシチリメンボラ *Crassilabrum crassilabrum*	—	—	—	—	1	0.0	1
20	ロコガイ *Concholepas conchopas*	5	0.3	5	198.0	—	—	—
21	オリイレヨフバイ * *Nassarius dentifer*	6	0.4	6	3.0	5	0.2	5
22	イナズママクラ *Oliva peruviana*	—	—	—	—	—	—	—
23	チョウセンフデ * *Mitra orientalis*	35	2.3	35	62.0	64	3.0	64
24	コロモガイ * *Cancellaria decussatta*	3	0.2	3	2.0	—	—	—
25	コロモガイ * *Cancellaria urceolata*	—	—	—	—	1	0.0	1
	二枚貝綱（二枚貝）							
26	チリイガイ *Choromytilus chorus*	145	9.3	369	2384.0	147	6.8	426
27	ナンベイムラサキインコ *Perumytilus purpuratus*	6	0.4	8	7.5	34	1.6	61
28	アルゴヒバリイガイ *Semimytilus algosus*	—	—	—	—	1	0.0	1
29	ザルガイ * *Trachycardium procerum*	—	—	—	—	1	0.0	1
30	オオヌノメアサリ *Protothaca thaca*	19	1.2	31	240.0	47	2.2	68
31	エウロマレア *** *Eurhomalea rufa*	6	0.4	6	81.0	5	0.2	6
32	イワホリガイ * *Petricola rugosa*	—	—	—	—	1	0.0	1
33	アサジガイ * *Semele corrugata*	—	—	—	—	1	0.0	1
34	ナミノコガイ * *Donax obesulus*	—	—	—	—	8	0.4	10
	合計	1551		1830	6579.2	2160		2514

貝類の和名は、公開されている微小貝データベース（https://bishogai.com/）を参照した。* 種名はないが、属名に和名があるものは、属名に従った和名を示し、学名を併記して区別した。** 属名も和名がないが、当該貝類

図 11　出土貝類における生息環境ごとの割合

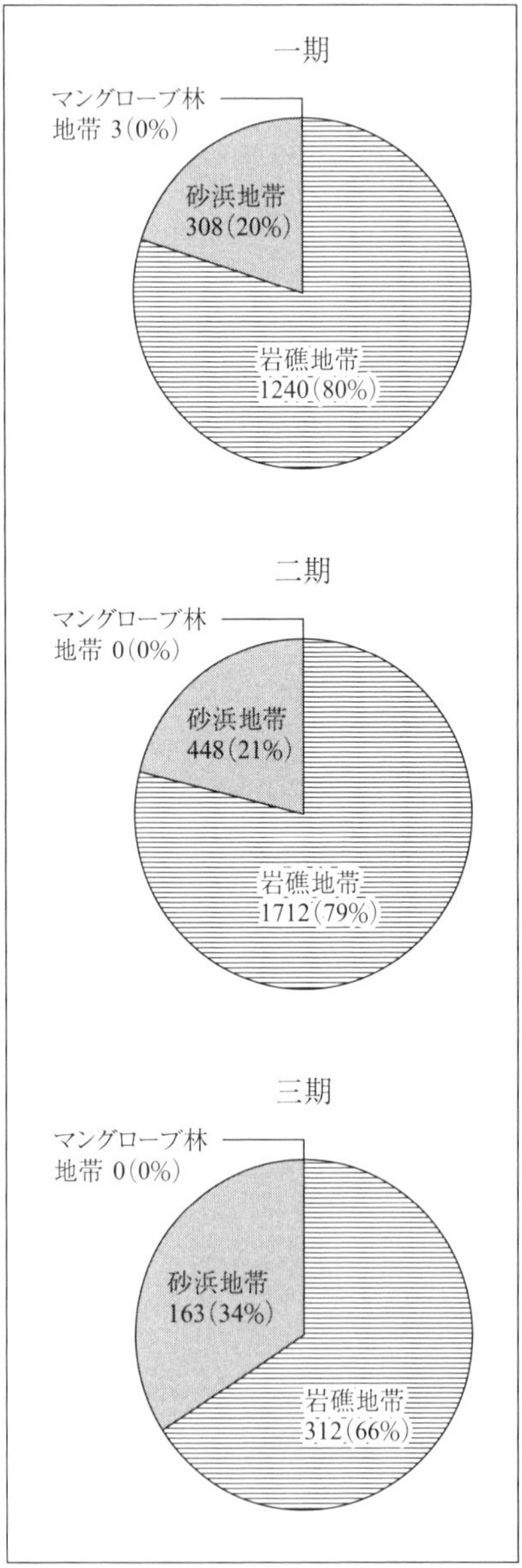

図 10　出土貝類における巻貝、二枚貝および多板綱・カサガイの割合

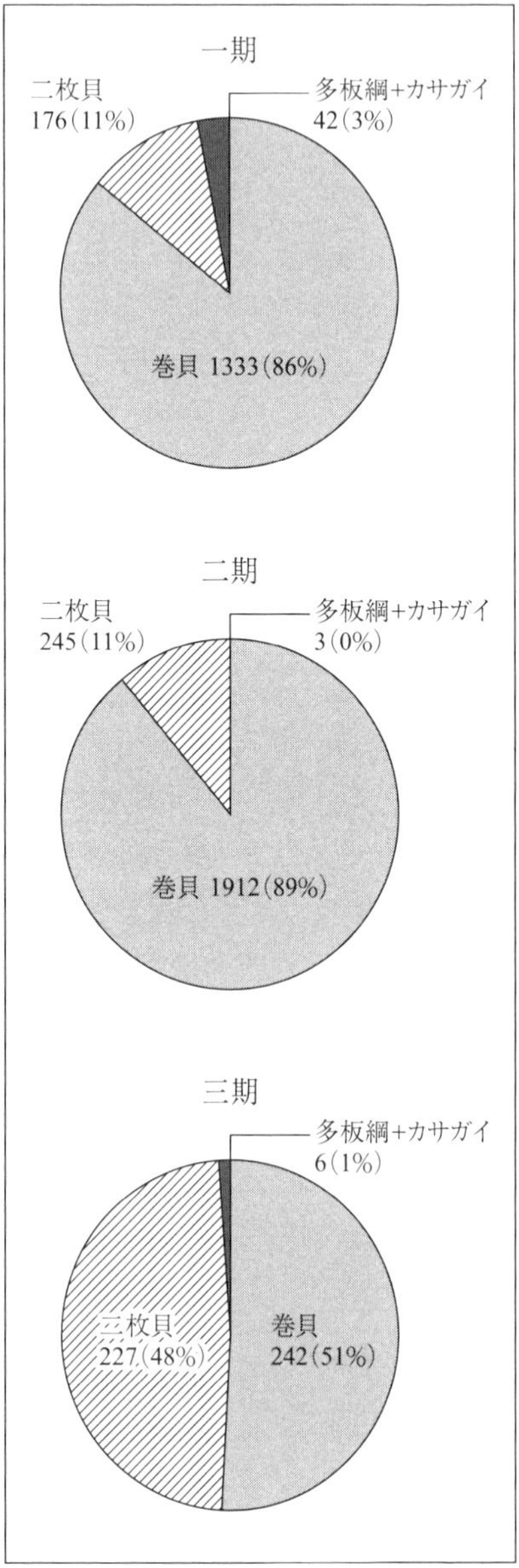

などが増加する。

三期では、巻貝と二枚貝の割合が大きく変化し、ほぼ半分の割合をそれぞれが占めるようになる。これは、同定個体数におけるチリイガイの大幅な増加を反映していると考えられ、オオヌノメアサリの出土数も明らかに増加するなど、この二種に偏って貝類が利用されていたことがわかる。巻貝については、前の二時期で多く利用されてきたチョコレートレイシやミゾマキクチベニレイシ（*Thais haemastoma*）などの数が減少している。

また生息環境ごとに分類した貝類の割合は、一期と二期で変化しないものの、三期には砂浜で採れる貝類の増加が認められる（図11）。

このように、三つの時期の間で貝類利用はそれぞれに変化しているといえ、とくに様々な貝種を比較的均等に利用するような一期の状況に対して、後の二つの時期では特定の貝種に偏った利用が行われている点が特徴的である。貝類の採集戦略に変化があったとみていいのだろうか。この点をもう少し深く掘り下げるため、三つの時期で出土する貝類の多様性にも差異があるのかどうかを検討してみよう。

3　種の多様度と採集活動の性質

〈分析の方法〉

遺跡から出土する動物の多様さを考える時、同定された動物種の種類数（種の豊富さ：species richness）とその多様性（species diversity）は、しばしば同一視されることがある。しかしながら、この「種の豊富さ」には、遺跡から出土した各生物種の出土点数やその割合という要素が抜け落ちている点に、必ずしも両者を同一視できない所以がある。

例えば、二つの遺跡から出土した動物の種類数がともに三種であったとしよう。そして、遺跡Aにおける三種の出土数がそれぞれ同じであるのに対して、遺跡Bでは一種の動物種が三〇点出土し、残り二種は一点と二点が出土し

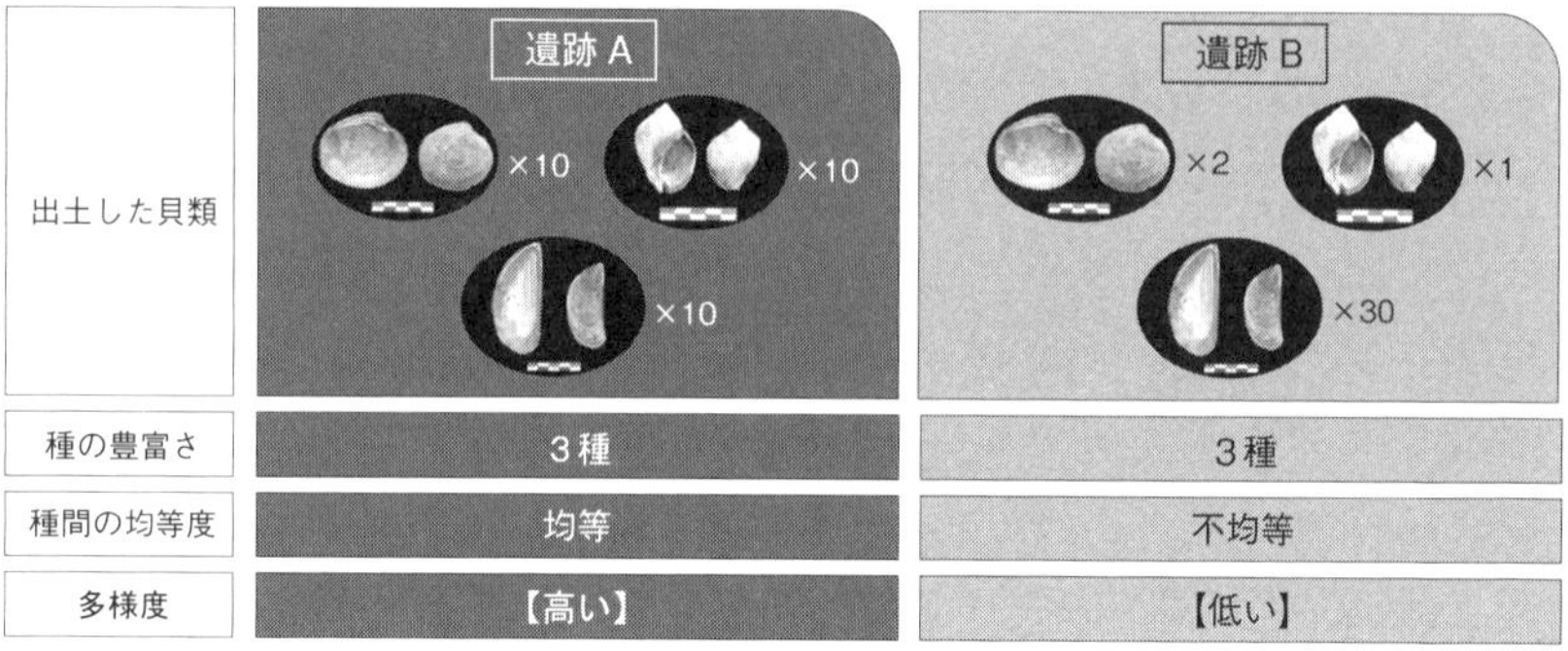

図12　種の豊富さと多様度の差異を表す一例

ている状況を想像してみてほしい（図12）。両遺跡の間で、「種の豊富さ」は同じである。しかし、三種の動物種の出土数に偏りのある遺跡Bの方が、遺跡Aよりも利用された動物種の多様性は低いといえる。なぜなら、出土数を踏まえると一種の生物種にその利用が偏っているといえるためである。すなわち、遺跡で利用される動物種の多様性とは、「種の豊富さ」と「出土量の均等性」の二つの要素から成り立っているといえる。

本書では、この「出土量の均等性」を考慮に入れて遺跡で利用された動物種の多様性（Variability）を検討するため、生態学の分野で使用される「多様度指数」［Shanno and Weaver 1949］を利用してみたい。その公式は以下の通りである。

$$H' = -\sum_{i=1}^{S} (Pi)(\log_e Pi)$$

Sは遺跡から出土した動物の種類数、Piは特定種iの出土数をすべての動物種の出土総数で割った値が挿入される。これにPiの自然対数[8]をかけて、合計した値がH'＝多様度指数となる。簡単にいえば、出土したすべての資料から特定の生物種の個体を引き当てる確率を合計したものである。多様度指数が高ければ、特定の種を引き当てる確率は低く、生物群の多様性は高い。

さらに、出土した生物種の均等性（Equitability）［Sheldon 1969］を評価する公式として以下のものを用いた。

表3　出土貝類の同定種数、多様度指数、均等度指数

時期	S（同定種数）	H'（多様度）	V'（均等度）
一期	25	0.9709	0.6900
二期	25	0.8818	0.6343
三期	19	0.9531	0.7504

$$V' = H'/\log_e S$$

算出した多様度指数を、出土した動物の種類数の自然対数で割ったものが均等さを示す。生態学で利用されるのが自然界に生息する個体数であるのと異なり、考古遺跡から出土する動物の遺体は人々が採集、消費、廃棄した結果として残されたものである。そのため、ここで示される多様度指数と均等度指数は、過去のある人間集団の動物利用の傾向と戦略を示すものとなる［Reitz and Wing 1999: 233-235］。

〈分析結果〉

上述の公式に従って、三つの時期における多様度指数（H'）と均等度指数（V'）を最小個体数から算出した（表3）。

一期では、二五種の貝類が同定され、多様度指数は〇・九七〇九、均等度指数は〇・六九〇〇となっている。二期は同じく二五種の貝類が同定されているので、「種の豊富さ」でいえば差はない。しかし、多様度指数は〇・八八一八、均等度指数は〇・六三四三と、ともに三つの時期で最も低い値を示している。低い均等度指数は、全二五種の出土した個体数に偏りがあることを意味している。これは、チョコレートトレイシに偏った貝類利用が行われていた結果と考えられよう。三期になると、同定された貝類は一九種に減少する。それでは、利用される貝類の多様性も減少したのかというと、逆に多様度指数は〇・九五三一、均等度指数は〇・七五〇四と高い値を示す。利用さ

また、遺跡から出土した貝殻を層位ごとに観察していると、特定の貝種をよく見かけるように感じたり、大きさに違いがあるような気がしてくることもある。その気づきに沿って、統計を取ってみたり、分析項目を増やしてみると大きな差異が明確なデータとして浮かび上がってくるのだ。そして、さまざまなデータをつなぎ合わせて、ああでもない、こうでもないと貝殻が経験した過去のできごとに考えをめぐらすうちにピースがはまり、一つの答えにたどり着く。その瞬間の爽快感や興奮は作業の大変さをかき消すのに十分である。

◀動物考古学の分析作業の様子。動物考古学を教えてくれたテレサ・ロサーレス教授(右)と筆者（左)。

◀土壌サンプルから貝殻や動物骨を選別する作業。

コラム2

動物考古学の分析作業の楽しさと大変さ

海外で動物考古学を学ぶ機会を得た筆者は、その手法を一から習得する中で、分析作業の楽しさと大変さを同時に味わうという貴重な経験をしてきた。

動物考古学の分析は、とても根気のいる作業を伴う。数万点と出土する貝殻だけでも、そのすべてを一つ一つ種同定し、点数を数え、重さを量り、層位ごとに記録するという基本的な工程を経なければならないのだ。さらに、土壌サンプルを対象に微小貝まで含めて分析するとなると、まずは土壌から貝類を選別する作業に骨が折れる。土壌を何度も篩《ふるい》にかけ、一つずつピンセットで取り出して集めると聞けばその大変さがわかるだろう。しかし、手間をかけて得られたデータは、誰も見たことのない過去を知るための唯一無二のものとなるのだから苦労する甲斐もある。

一方で、貝殻の観察を続けるうちに、だんだんと貝種の見分けがつくようになってくる過程は面白い。最初はどれも同じように見えるものだが、観察すべき部位がわかってくれば、少しずつ識別できるようになってくる。ちょうど、最初はみんな同じ顔にみえてしまった見知らぬ国の人々が、コミュニケーションを繰り返すうちに友達となり、その世界に自分が溶け込む過程で、それぞれ違って見えてくるのと似ている。現生標本を見比べているうちに、「あぁ、君はこんな顔をしていたのか、たしかに全然違うな」と理解できるようになる前と後では、世界が全然違ってみえてくる。変な話だが、スーパーや市場など、どこかしこで出会う貝にも目が向くようになり、なんだか親近感が湧いてくる。

れた貝類の種類数は少ないものの、それぞれの貝種を比較的均一に利用していたことが、高い均等度指数に表れている。つまり、三期の貝類利用は、必要性の少ない貝類の採集を行わず、一定の生物種に対して選択的に行われていたといえるわけだ。この時期において、前の二つの時期よりも計画的な貝類採集が行われていたことを意味する結果となった。

前項で実施した貝類の種同定と定量分析の結果、特定の貝種に偏った利用が行われていたようにみえた二期と三期であったが、その性質は両者で異なっていたことが明らかになった。

一期は、「種の豊富さ」、「多様度指数」、「均等度指数」がともに高水準であることから、遺跡周辺で採集可能な多様な貝類を広く利用していたことがわかる。二期の「種の豊富さ」は、前時期と同じ二五種であることから、遺跡周辺で採集可能な貝類を網羅的に利用しようとする点で、一期と同様であったと考えられる。しかし、何らかの要因によって、結果として採集された貝類の内訳はチョコレートレイシなどの特定種に偏ってしまったようである。一方の三期では、二期と同じように特定種に偏った利用が行われているようにみえるものの、実際は、利用する貝類の種類数を絞った選択的な貝類採集が行われていた。つまり、一期および二期と、三期の貝類採集は、網羅的か選択的かという、貝類採集戦略の指向性に大きな差異があったことが示唆されるのである。一期と二期が同じような貝類採集戦略にあったとするならば、両者の貝類利用はなぜ変化したのだろうか。この点を検証するためには、それぞれの時期の採集活動が、自然界に生息する貝類の個体群に与えた影響を考えてみなくてはならない。

4　貝殻の大きさと変化の背景

〈分析方法〉

自然界に生息する貝類の個体群と採集活動の関係性を明らかにする方策として、特徴的な出土量の変化を示す三種の貝類を対象に個体サイズの計測を実施した。一般的に、これらの貝類をそれぞれが生息する自然環境のなかで採集する時、個体の見つけやすさとその利用価値から、個体サイズのより大きなものを採集するようにバイアスがかかると考えられている［cf. Mannino and Thomas 2002: 459-460］。そのため、人間集団による採集活動に対して、自然界におけるある生物種の個体群[9]の規模に余剰があれば、遺跡から出土する貝類の個体サイズのバリエーションはより大きなものに偏ると想定できる。反対に、採集活動がある生物種の個体群規模に対して過剰であったとするならば、より小さな個体にまでその利用が及ぶはずである。遺跡から出土する貝類とは、人間によって利用され廃棄された個体群である。すなわち、考古遺跡から出土した貝類の個体サイズのバリエーションは、ある生物種の個体群規模に人間集団の採集活動が与える影響、つまり採集圧と密接にかかわっているため、採集活動の選択性や偏向を明らかにすることができるわけだ［Mannino and Thomas 2002; Koike and Ohtaishi 1985］。

この分析の対象となったのは、二枚貝であるオオヌノメアサリとチリイガイ、および巻貝であるチョコレートレイシの三種である（写真19）。個体サイズの計測は、出土資料のうち貝殻の八〇%以上が残存している個体を対象とし、

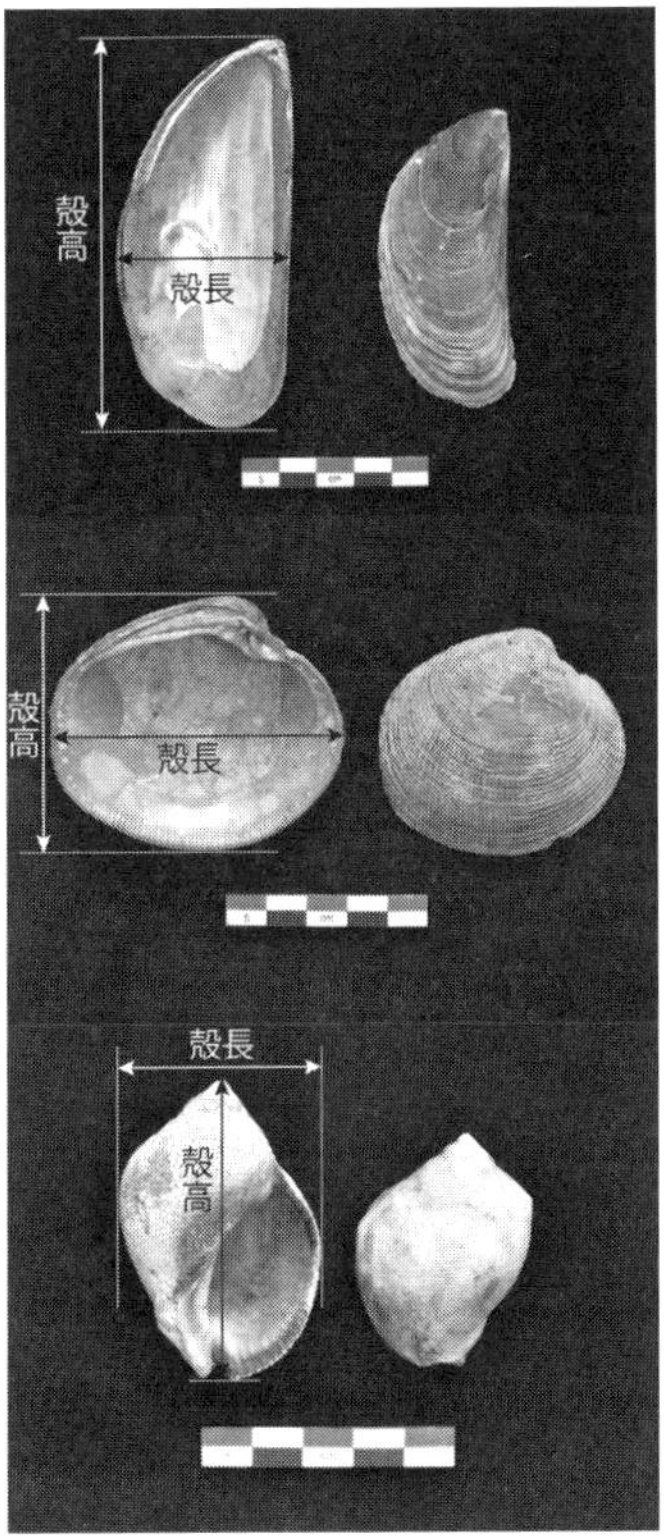

写真19　個体サイズを計測した三種の貝類と計測箇所。上からチリイガイ、オオヌノメアサリ、チョコレートレイシ

貝殻の殻頂から縁辺にかけての距離（殻高）および、それと直交する縁辺と縁辺を結んだ最大長（殻長）をそれぞれ測定した。貝殻の残存率が高いとしても測定部に欠損がみられるものなどは除外している。

〈分析結果〉

三種の貝類の個体サイズを計測し、各時期のサイズバリエーションをグラフに示した（図13）。なお、図13に示した箱ひげ図は、個体サイズの多様性を図示するためのグラフであり、個体群をサイズ順に並べて4つのグループに分割し、全体の四分の一の個体にそれぞれどれほどの値の不均等性があるかを示している。すなわち、上と下に伸びる「ひげ」と二分割された「箱」がそれぞれ長くなるほど、二五％の個体群における不均等性が大きく、短くなるほどに個体サイズが近似していることを意味している。

チリイガイの場合、九七点の個体を計測した。このうち、中間的なサイズを示した五〇％の個体は、それぞれ八七・五五〜一〇三・一〇ミリメートル（一期）、六五・八八〜九五・八四ミリメートル（二期）、七〇・一八〜八七・九五ミリメートル（三期）のバリエーションを示しており、サイズの減少が認められる（図13）。時期が新しくなるにつれて、個体サイズの平均値と最小値もともに減少している一方で、最大値はほぼ変化がみられない。つまり、チリイガイの個体サイズは時期が下るにつれて、サイズの小さな個体も多く利用するようになり、個体間のサイズの不均等性が大きくなっていることがわかる。すなわち、チリイガイに対する採集圧は時期を追うごとに大きくなっていったと解釈できる。

オオヌノメアサリの場合、一一五点の個体が計測された。こちらの場合、個体サイズの不均等性は三時期を通してほぼ変わらないが、二期において、個体群の平均値と最大・最小値ともにサイズの増大が認められる。すなわち、オオヌノメアサリの個体サイズの変化は、二期において、前後の時期よりも大きな個体を採集して利用する傾向に

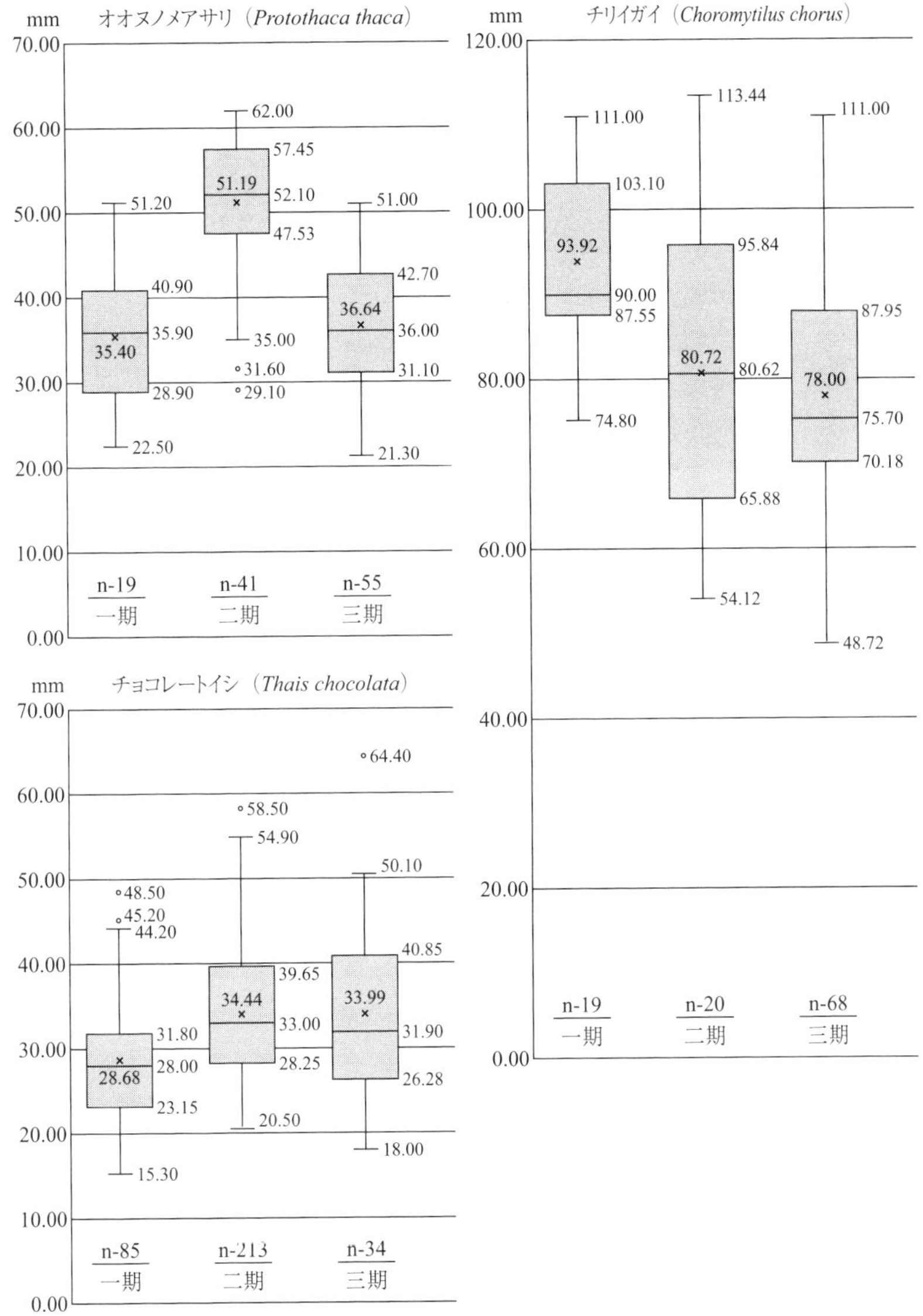

図 13　三種の出土貝類を対象とした個体サイズの計測結果（殻高）。各時期で出土する貝類の個体のサイズのばらつきには、時期ごと種ごとの差が認められる。オオヌノメアサリとチョコレートレイシは類似する傾向を示すのに対し、チリイガイでは異なる時期別の変化を示す。

あったといえる。そのため、この時期においてオオヌノメアサリに対する採集圧は低くなっていたことがわかる。

最後のチョコレートトレイシは、三三二点の個体が計測された。個体サイズの最小値と最大値、平均値は一期で最も低く、二期において増大し、三期になってやや減少する。このことから、チョコレートトレイシに対する採集圧もまた、一期に大きく、二期になって減少したことがわかる。

以上のように、分析した三種の貝類に対する採集圧は、それぞれ一期〜三期にかけて変化していることが明らかになった。ただし、この採集圧とは、採集活動と個体群規模という二つの要素から成り立っているため、どちらの要素が変わったとしても変化は起こる。つまり、採集圧の増加という現象は、採集活動の規模が増えることによっても、自然界の個体群が減少することによっても起こりうるのである。そこで、先述した貝種の同定分析の結果を参照しながら、採集圧が変化した要因を考察してみたい。

チリイガイは、一期から二期へ採集圧が増加する様子が明らかになったのに対し、オオヌノメアサリとチョコレートトレイシは、逆に二期において採集圧が顕著に低下している。貝種によって採集圧の変動に差があるのはなぜなのだろうか。採集圧の変化と各時期で出土する最小個体数（ＭＮＩ）の変化を比較した表4を参照してみよう。まず一期に着目してみると、チリイガイにおける出土した最小個体数の割合はそれほど大きくなく、同時に採集圧も低いものであったことがわかる（表4、前掲の図9）。このことから、チリイガイを対象とした貝類の採集活動は自然環境下における個体群の規模に適した範囲で行われていたと考えられる。チリイガイの個体群規模はこの時期の採集活動によって影響を受けていなかったといえよう。一方のオオヌノメアサリは、出土量が少ないにも関わらず、採集圧は相対的に高い。これは、一期において小規模なオオヌノメアサリの採集活動が行われていたとしても、この採集活動が個体群規模に影響を与えるには十分であり、自然環境下の個体群の規模がもともと小さかったことを示唆

表4　出土した貝類の採集圧と最小個体数の割合、および変化の要因

チリイガイ Choromytilus chorus			
	一期（紀元前 4200-4000 年）	二期（紀元前 4000-3800 年）	三期（紀元前 2800 年）
出土資料における同定種の割合	＊＊	＊＊	＊＊＊＊
採集圧	＊	＊＊	＊＊＊
想定される採集圧の変化の要因	（大きな個体群規模）	生態環境の変化（個体群規模の変化）	集中的な採集活動（個体群は影響を受ける）

オオヌノメアサリ Protothaca thaca			
	一期（紀元前 4200-4000 年）	二期（紀元前 4000-3800 年）	三期（紀元前 2800 年）
出土資料における同定種の割合	＊	＊	＊＊＊
採集圧	＊＊	＊	＊＊
想定される採集圧の変化の要因	（小さな個体群規模）	生態環境の変化（個体群規模の変化）	集中的な採集活動（個体群は影響を受ける）

チョコレートレイシ Thais chocolata			
	一期（紀元前 4200-4000 年）	二期（紀元前 4000-3800 年）	三期（紀元前 2800 年）
出土資料における同定種の割合	＊＊	＊＊＊＊	＊＊
採集圧	＊＊＊	＊	＊＊
想定される採集圧の変化の要因	（小さな個体群規模）	生態環境の変化（個体群規模の変化）	採取活動の減少

各同定種の割合については、全体のうち5%以下のものを「＊」、5%～10%を「＊＊」、10～15%を「＊＊＊」、15%以上のものを「＊＊＊＊」とし、その多寡を4つのカテゴリーで表した。また、採集圧については、それぞれの貝種でみた相対的な変化を重視し、3つの時期を採集圧の低いものから順に「＊」、「＊＊」、「＊＊＊」と割り当てた。なお、オオヌノメアサリについては1期と3期で同程度の採集圧が復元されているため、両者を「＊＊」として同列に位置づけている。

している。同様にチョコレートトレイシについても、小規模な採集活動と高い採集圧が確認されている。

二期では、これらの状況が大きく変化する。出土するチリイガイの個体数の割合は一期とほぼ変わらないか、やや減少しているにもかかわらず、採集圧は相対的に増加しているのだ。チリイガイの利用状況がほぼ変わらないとすれば、この採集圧の変化を説明する唯一の要因は自然環境下における個体群規模の減少となる。一方のオオヌノメアサリは、遺跡から出土する個体数の割合がやや増加していることから、採集活動の規模はやや大きくなったとみてよいだろう。それならば、それに伴って採集圧も増加しているかというと、そうではない。採集圧は反対に大きく減少しているのだ。出土数の大幅な増加が確認されたチョコレートトレイシも同様であり、採集活動の規模が増大するにもかかわらず、採集圧は減少している。この採集圧と遺跡から出土する個体数の反比例が意味するものは、何であろうか。採集活動が大規模に行われるようになるにもかかわらず、自然環境下の個体群への影響が小さくなるとするならば、大規模になる採集活動を上回るほどに、個体群の規模が大きくなっていたことになる。すなわち二期において、自然環境下におけるチリイガイの生息数が減少する代わりに、オオヌノメアサリとチョコレートトレイシの生息数が増加するというような、生態系の変化が示唆されるのである。一期においても二期においても、採集活動が自然界の個体数を大きく圧迫するような事態は認められないことも指摘できる。

三期において、遺跡から出土した個体数の割合は、チリイガイとオオヌノメアサリという二種の二枚貝を対象とした採集活動がより集中的に行われたことを示唆している。これに伴って、この二種に対する採集圧もまた増大していることが個体サイズの計測から明らかになった。一期二期と異なって、三期の採集圧の変化は採集活動の増大によって引き起こされたものと考えられよう。すなわち、この時期になって、二枚貝の採集活動は自然環境下に生息する個体群の規模に影響を与えるほど強く行われるようになっていた。一方のチョコレートトレイシは、この時期に大きく出土数が減少するが、採集圧に大きな変化はみられない。このことから、二期に大きく増加していたチョコレートレイシの生息数は減少し、採集活動もまた小規模なものに戻っていたことがわかる。

以上のような分析と考察から、それぞれの貝種の自然環境下における個体群の規模が増減するような、何らかの生態系の変化が二期に起きていたことが明らかになった。これを背景として、遺跡から出土する貝種の割合もまた大きく変化するようだ。一方で一期においても二期においても、自然環境下の個体群規模を越えるような採集活動は行われていない。個体群規模の許容範囲を超えた採集活動が二枚貝を対象に行われるのは三期になってからということになる。

四　環境の変化と適応

1　貝殻が語るエル・ニーニョ現象

ここまで、クルス・ベルデ遺跡における盛土状の貝塚から出土した貝類の動物考古学的な分析をみてきた結果、一期から三期にかけて繰り返し食糧残滓を廃棄してきた人々による貝類利用には様々な変化が生じてきたことが明らかになった。とくにA−2マウンドの形成プロセスの前半と後半にあたる一期と二期の間では、採集・消費・廃棄された貝種の割合に大きな変化が認められる。それは、多様な種類の貝類を比較的均等に利用することから、チョコレートレイシをはじめとする巻貝を集中的に利用することへの変化である。さらに、貝類の個体サイズを計測することで自然環境下における各貝種の個体群に対する採集活動の影響、すなわち採集圧を推定したところ、この二つの時期の間で、何らかの生態系の変化が起きていたことがわかってきた。人間の採集活動がその要因でないとするならば、生態系に変化をもたらすのは生態環境の変化ということになってくる。

それでは、一期と二期の間で起きていた生態環境の変化とは、いったいどのようなものであったのだろうか。

この問題に迫るためのヒントは、それぞれの貝種の生態学的な特性にある。なぜなら、それぞれの生態学的な特性によって、生物の環境への適応戦略は異なっており、環境変化にうまく対応できる種とそうでない種の差が生態系の変化を形作ると考えられるからだ。とくに底生生物[10]である貝類は一般的に移動性が低いため、魚類のように環境変化の影響が少ない海域へと泳いで移動することができない。ゆえに貝類は環境変化の影響をダイレクトに受けやすいといえ、環境変化の指標とするのに適している。

二期において、自然環境下での生息数が増加するのは、オオヌノメアサリとチョコレートトレイシであり、反対にチリイガイは生息数が減少していた。すなわち、この時期に起きた環境変化によって、前者には適し、後者には不利な環境が生じていたということである。ここで注目すべきは、二期に集中的に利用されるようになるチョコレートトレイシの存在である。

チョコレートトレイシは、ペルー北部からチリ中部にかけての広い海域に生息する中型の巻貝であり、水深五〜四〇メートルほどの粗い砂地や岩地で生活する。興味深いのは、この種の巻貝がある環境変動によって、その生息数を大きく増加させることである［Arntz and Fahrbach 1996; Cantillánez et al. 2011］。その環境変動とは、エル・ニーニョ現象であり、これに際して海水温が上昇すると、チョコレートトレイシは一か所に集まり、繁殖活動を行う。また、エル・ニーニョ現象によって海洋生態系がバランスを崩し、多くの生物種が餓死することも、動物の屍肉を餌とするこの巻貝にとっては良好な環境となるのだろう。

同様に、二期で自然環境下における生息数の増加が認められたオオヌノメアサリも高い海水温に強い耐性を持つことが知られており、エル・ニーニョ現象という海域環境の異常のもとでも多くの個体が生存可能である［Urban 1994］。反対にチリイガイは高い海水温に弱く、エル・ニーニョ現象下で個体数が大きく減少することが報告されている［Díaz and Ortlieb 1993; Arntz and Fahrbach 1996］。二期に利用される貝種の変化や、その生態学的な特性を加味するならば、この時期に起きた環境変化とは、エル・ニーニョ現象による短周期的な環境変動に起因する海域環境の異常と考えてよい。この時期にエル・ニーニョ現象の規模と頻度が増加していたことは、オオヌノメアサリの貝殻に残された成長障害の痕跡からも支持されている［荘司・白井　二〇二一］。このように、エル・ニーニョ現象の規模や頻度と関わるような環境変動が起きていたことが、貝類の採集活動と採集圧の関係、および生息数の変化する貝種の生態学的な特性から示唆されていた。すなわち、貝類の動物考古学的な分析によって明らかになってきた貝類の採集活動の変化とは、エル・ニーニョ現象によって不安定化する海域環境の変化に、当時の人々が貝類利用を再編する中で起きたものであるといえよう。

2　不安定化する海との向き合い方――先史漁撈民の適応戦略

それでは、クルス・ベルデ遺跡を残した人々は、不安定化する海と向き合ううえで、どのような適応戦略をとっていたのだろうか。紹介してきた三つの動物考古学的分析の結果を総合し、貝類採集戦略の通時的な変化を考察してみよう。

一期において、出土した貝類における高水準の「種の豊富さ」と「多様度指数」および「均等度指数」が維持されていたこと、すなわち採集可能な貝種を広くまんべんなく利用する様子から、この時期の貝類採集活動は多様な貝類を広く利用するようなものであったことがわかる。個体サイズの計測からみた採集圧と出土量の割合を貝種ごとに確認してきた結果、この時期に高い採集圧と集中的な採集活動が同時に起きた事例はみられない。そうだとするならば、自然環境下の個体群に影響を及ぼすような過剰な資源開発は志向されていなかったことになる。すなわち、一期の貝類採集活動は多様な生物種に対して、個体群規模の大きさに適した形で行われていた。

対する二期では、先述の分析と考察によって、エル・ニーニョ現象に起因する生態系の変化が起きていたことがいたのである。当時、現地にいた私は焦ったが、遺跡の周辺住民が自発的に文化省へ通報することで、最悪の事態を免れることができた。近隣の別の遺跡で調査・保存・修復の大規模プロジェクトに長年参加してきた彼らは、小さな遺跡といえども学術的な価値を有する点や保護の必要性を理解していたのである。地元の遺跡に対する愛着や誇りが自発的な文化財への保護につながったといえよう。そうした経験をふまえ、私自身も遺跡周辺の住民を積極的に雇って作業を行い、調査データの見方や調査方法を彼らと共有できるように努めてきた。彼らには、遺跡で働くという経験を介して、愛着や誇りが芽生えつつある。周辺住民と遺跡の間に関係を構築し、住民主導の文化財保護へとつなげていく。これが現状を改善する一つの道筋となることを期待している。

◀発掘作業中の風景。クルス・ベルデ遺跡の発掘調査では、様々な世代の作業員を村で募り、遺跡と住民が関係を築きつつ世代間で共有できる場となるように努めた。若者が村を出るなどして、年配者との関係が疎遠になりつつあるのは、この国でも同じである。

コラム３

失われゆく文化財とその保護

ペルーでは一般的に文化財に対する関心が低く、盗掘や開発などの遺跡の破壊が進行している。もちろん、文化遺産として指定される大きな遺跡は観光資源であり、国を挙げての遺跡の保護と整備、活用が進められている。しかし、それ以外の小さな遺跡では、広大な国土と文化行政の人員不足から遺跡の保護活動は難航している。とくに、都市開発の進む海岸地帯は危機的な状況にあるともいえる。そのことを痛感したのは、発掘に先立つ予備調査で各地の遺跡を踏査しているときであった。

発掘調査に向けた遺跡の選定を目指して、ペルー北海岸に分布する遺跡を広く踏査した。土器のない古期の遺跡は、表面に露出する遺物から時代を特定することができないため、過去に発掘が行われ、遺跡の形成年代が分かっていることが望ましい。そこで、過去に調査された遺跡を一つずつ踏査して回ることにしたのである。候補となる遺跡のリストと古い論文に載っていたおぼろげな地図を片手に遺跡を探す。そんな旅路であったが、遺跡のリストにはバツ印が連なるばかりであった。なぜなら、多くの遺跡は調査後に放置され、その後の開発によって壊されてしまっていたのである。整地され、拡大する町の飲み込まれてしまったものもあった。文化財を保護する法律はあるものの、地方行政の目が行き届く範囲は限られており、都心から離れた小さな遺跡は人知れず破壊されてしまうのだ。

調査遺跡の選定に手間取る中、知り合いの研究者にクルス・ベルデ遺跡を紹介され、なんとか発掘調査にこぎつけることができた。しかし、それでも順風満帆というわけにはいかない。遺跡を含む土地が大農場の経営者に買い上げられ、整地が開始されているという一報が届示唆されている。一期とは対照的に、貝類の採集活動はチョコレートトレイシなどの巻貝に集中するため、出土する貝類の均等度指数は大きく低下していた。しかし、チョコレートトレイシとオオヌノメアサリの生息数がエル・ニーニョ現象によって増加していたと考えられるため、集中的な貝類利用が行われていたとしても、自然環境下の個体群規模を圧迫するような事態には至らないことが採集圧の分析から示唆されている。すなわち、クルス・ベルデ遺跡を残した古期の人々は、生態系の変化に伴って増加した生物種に的を絞り、集中的な開発を行うことで二期の環境変動にうまく対応していったと考えられる。一期と二期にみられる異なる貝類利用の傾向とは、環境変動によって変化する生態系に合わせて、自分たちの貝類利用を柔軟に変化させた結果なのである。

一方で、形成期早期に属する三期になると、貝類採集活動の傾向には明らかな差異が現れるようになる。この時期に初めて、人間による採集活動が自然環境下の個体群規模に影響を及ぼし始めるのである。とくにチリイガイとオオヌノメアサリに対する採集圧の増加と出土量の増加が同時に起きていることは、この二種の二枚貝を対象とした集中的で過剰な採集活動が行われるようになったことを示している。それまで、過剰な採集活動が行われていなかったことを考えれば、これは大きな変化であるといえよう。「特定の貝種に的を絞った集中的な利用は二期でも行われていたではないか」と思う読者がいるかもしれない。しかし、採集圧以外にも二期と三期の明確な違いを示すデータがある。それは、出土する貝類の多様度に関する分析に表れている。

一期や二期と異なり、三期では、出土する貝類の「種の豊富さ」が大きく減少していた。しかし、「種の豊富さ」が「多様性」と同義でないことはすでに述べた通りである。三期では「種の豊富さ」が減少するにもかかわらず、「多様度指数」は高い水準を保っているのだ。なぜかというと、それは各貝種の出土量の均等性が一期や二期よりも大きく増加しているためである。つまり、一点～数点しか出土しない貝種が含まれていた一期や二期に対して、三期では少量しか出土しないような貝類がない。一期と二期では、遺跡周辺で採集可能な貝を網羅的に利用していたのに対し、三期では採集する貝種が選別されていたのだろう。すなわち、選択された複数の生物種に対して一定量の採集活動を行い、必要のない生物種の採集活動は行わないなど、三期の貝類利用はより選択的で計画的なものであった。貝類の採集戦略は大きく変化しているのである。

それに対して一期と二期ではどちらも自然環境の許容量に即した貝類採集が行われていたといえ、古期の貝類利用の特徴が浮き彫りになっている。一見、一期と二期では貝類利用が大きく変化しているようにみえるものの、それは生態系の変化に合わせて利用する貝種を柔軟に変えた結果であり、自然環境に合わせるという貝類採集戦略それ自体に変化はない。クルス・ベルデ遺跡を残した古期の漁撈民は、利用する貝種にこだわらない柔軟な貝類採集の戦略を持って、巧みに環境変動に対応してきたといえよう。

3　環境変動と「ゴミ捨て場」の変化

これまでみてきたように、貝殻の動物考古学的な分析によって、古期の漁撈民の貝類採集戦略の特徴や、エル・ニーニョ現象の規模と頻度が増加するような環境変動の存在および、それに適応した結果としての貝類利用の変化が明らかになった。遺跡から出土する何の変哲もない貝殻であるが、その雄弁さの一端を示すことができたのではないだろうか。

本書では当時の人々の貝類利用に焦点を当ててきたのだが、二期における環境変動は貝類採集活動だけでなく、様々な生活の変化をもたらしたことが分かっている。例えば、A－2マウンドから出土する動物骨は、一期と二期の間で貝類以外の動物利用もまた大きく変化していたことを示している。一期には、オタリアなどの海生哺乳類と海鳥、サメを主体とした魚類という三者がほぼ同じ出土量の割合を示していたのだが、それが二期になると大型のサメ類の出土量が七割近くを占めるようになる［荘司ほか　二〇一九］。貝類の利用傾向と同じく、特定の種に偏った

写真20　出土したウシザメの椎骨。軟骨魚綱であるサメ類は、基本的に椎骨と歯のみが残存して遺跡から出土する。

集中的な開発が行われるようになるわけだ。大型のサメ類の大半を占めているのはメジロザメ属（*Carcharhinus* spp.）の魚類であり、その中ではウシザメ（*Carcharhinus leucas*　写真20）やクロヘリメジロザメ（*Carcharhinus brachyurus*　写真21）など、種まで同定されているものもある。興味深いのは、この二種のメジロザメ属がラグーンなどの河口・汽水域に頻繁に侵入する魚類として知られていることである［Curtis et al. 2011; IMARPE 2015: 46］。さらに汽水を好むような他の魚種の増加も認められていることから、二期には河口・汽水域を積極的に開発するような動物利用が行われるようになったと考えられる。実のところ、この動物利用の変化もエル・ニーニョ現象と関わっていたようだ。なぜなら、エル・ニーニョ現象によって豪雨災害が起きると、河川水量が増加し、ラグーンなどの汽水域が大きく拡大するからだ。すなわち、動物利用の変化もまたエル・ニーニョ現象によって増加する生物種に的を絞って利用しようとするような、環境変動への柔軟な適応の結果であった可能性が高い。

動物骨については採集圧を推定できるような分析を行っていないため不透明な部分もある。しかし、貝類利用の変化と同様にエル・ニーニョ現象によって生息数を増やす生物種を集中的に利用していることからみて、貝類と同様の獲得戦略が取られていたと考えてよいだろう。すなわち、自然環境に即して利用する生物種を変えるというような、柔軟な資源利用戦略のもと、古期の漁撈民は食糧獲得活動に従事していたとみられる。貝類の採集戦略においてすでに指摘したように、動物利用についても一期と二期で大きく変化しているものの、自然環境に合わせるという資源利用戦略を大きく変化させたわけではなかった。むしろ、既存の資源利用戦略の中で環境変動に対応していたといえる。

一方で、同じ資源利用戦略を志向しているつもりでも、利用する生物種が変わるということは、食糧獲得活動にまつわる日々の生活実践も必然的に変化することになる。例えば、ラグーンにおける追い込み漁が想定されている大型のサメ類の獲得は［cf. Dillehay et al. 2017］、より複雑で規模の大きな協働の必要を漁撈民に迫ると考えられるし、ラグーンという局所的な生態環境の開発は他の遺跡を中心に活動する異なる集団との共存を余儀なくされたかもしれない。環境変動にうまく適応する中で変化する一連の生活実践は、食糧残滓を廃棄することで積みあがってきた盛土状の貝塚に対する認識にも変化を及ぼしたようである。なぜなら、二期になってクルス・ベルデ遺跡の漁撈民は自分たちの集団の成員を貝塚へと埋葬するようになるからである。さらには、貝塚の表面には粘土を敷いた床が

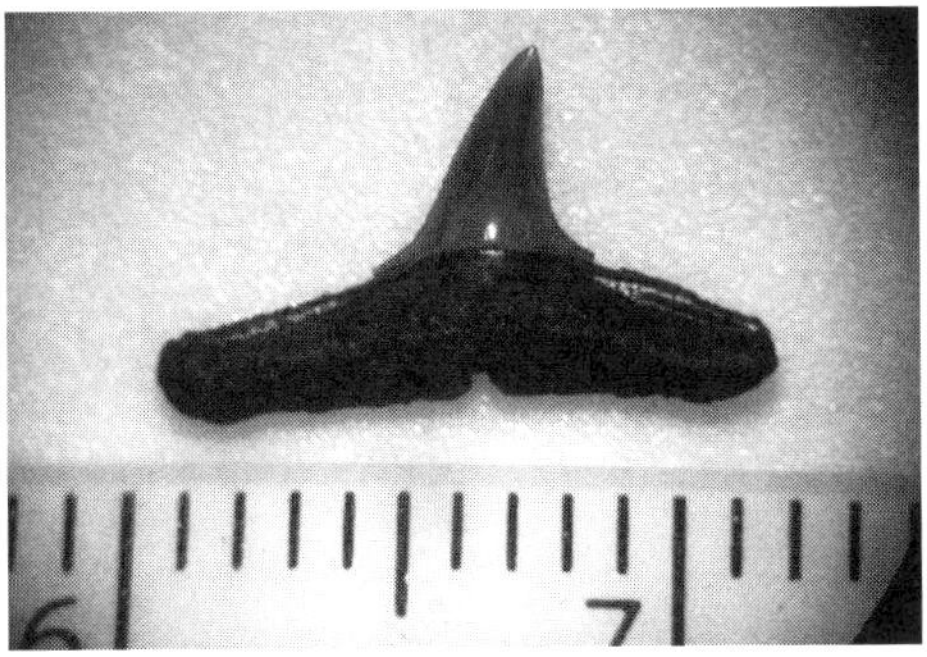

写真21　出土したクロヘリメジロザメの歯

建設されるようになるなど、盛土には人為的に構築された建築物としての性格も付与され始める。一期から二期にかけて形成されてきた盛土状の貝塚は、単なるゴミ捨て場というだけでなく、埋葬活動や廃棄活動、建設活動を通じて自分たちをそれに結び付けるような漁撈民集団の結節点となっていったと考えられるのである。環境変動にうまく対応してきたクルス・ベルデ遺跡の人々であったが、結果として様々な変化が生じることになった。エル・ニーニョ現象の規模と頻度が増加するという環境変動は、知らず知らずのうちに人々と環境の関係性を変えていく引き金になったといえる。

以上のように、本書では古期の漁撈民の姿を貝殻の動物考古学的な分析を中心として明らかにしてきた。そこで示された彼らの集団像とは、従来の研究で指摘されていたような「小さな漁村」という言葉では収まりきらない含

意を有するものである。神殿を建設し、祭祀活動を活発に行うような形成期にばかり焦点があてられてきたが、その直前にあたる古期から、漁撈民集団は様々な変化を経験してきた。盛土状の貝塚と人々の関係性が多義的なものへ変化していったというクルス・ベルデ遺跡の事例は、小さなさざ波のような変化であったかもしれない。しかし、この小さな波がやがて大きなうねりとなり、形成期の大きな社会変化へと連なっていった可能性は容易に想像できる。神殿というモニュメントの出現がなぜどのように起きたのか、今後も古期の漁撈民の姿を追いながら、小さな物証を積み重ねることで大きな謎に迫っていきたい。

おわりに――自然に抗わないという生き方

本書では、遺跡から出土する貝殻に着目した分析を提示することで、先史時代の漁撈民の貝類採集活動に迫ってきた。そこで明らかになったのは、自然環境下の資源の許容量に即しながら、それを越えることのないように組織された採集活動であり、自然環境の変化に合わせた貝類の採集戦略であった。この戦略こそが、エル・ニーニョ現象によって不安定化する海域環境に対しても、無理のない形で柔軟に適応することに成功した要因であったといえる。

現代の我々の生活を振り返ってみれば、どこからともなく運ばれてくる豊富な物資に埋め尽くされて、不自由のない暮らしをしているように感じられる。そうした生活を維持するために、差し迫る環境変動や環境破壊によって枯渇する資源を、新しい養殖の技術や物流などを駆使することで補おうとするのが我々の選択し依拠する戦略といえるだろう。遠い世界であり過去でもある先史時代の漁撈民の生活を垣間見ていると、技術をもって自然環境を補い、変化に抗う我々は、これまで慣れ親しんだ資源に固執しすぎているのかもしれない、そのようにふと思わされることがある。良い悪いではなく、環境への適応の仕方は多様であり、その方向性も様々であるということに気付いておくのは大事なことであろう。ペルーの海の、先史時代の漁撈民は我々に世界と歴史の多様性を教えてくれる先輩なのかもしれない。

現代を振り返るついでに、私の個人的な過去を振り返ってみるならば、ペルーで考古学の調査をし、こういった本を執筆している自分が改めて不思議に思えてくる。なぜテレビでみた南米の遺跡や暮らしに、あんなにも惹かれたのか、なぜクルス・ベルデ遺跡を調査したのか（もちろん学術的な意義はあって選定したのだが）。これまでの人生における日本やペルーでの様々な人との出会いが、なんとなく絡み合って今の私が奇跡的に形作られているのを感じざるを得ない。振り返ってみれば、幼い頃、実家の近くで貝塚の発掘調査が行われており、友達を連れて遊びに行った記憶がよみがえってくる。その時に勝手に拾って帰ってきた一枚の貝殻との出会いが私をこの世界に連れ出したのかもしれない。実をいうと、ペルーで発掘調査を始める前、貝塚を調査するつもりはまったくなかった。しかし、掘ってみるとペルーの貝殻たちがじっと私を待っていて、たくさんの経験を私に語りかけてきたのである。なんとも不思議なものだ。

注

（1）貿易風とは、緯度三〇度付近にある亜熱帯高気圧帯から赤道に向かって吹くほぼ定常的な偏東風であり、その強弱は地球規模の気候システムと密接な関係にある。

（2）海中において下層の低温水が表層に上昇する現象を指す。ペルー沖では、有機物や栄養塩を豊富に含んだ深層水が大陸棚に沿って恒常的に湧き上がっているため、植物プランクトンが豊富に保たれ、小魚をはじめとする魚類の漁獲量が多い。

（3）ここでいう基壇とは、土留め壁で囲った内部を土や石などで埋め立て、その上部を平らに整地することで、周囲よりも一段高い床面を造り出す人為的な構造物を指す。

（4）クルス・ベルデ遺跡の東側には海へと流れ込む農業用水路がある。一九四一年に撮影された航空写真を参照すると、同じ位置にチカマ川の支流が流れていることが確認でき、この水路が河川を改変して設置されたものであることがわかる。

(5) クルス・ベルデ遺跡における時期区分は、本来、CV-I期(先土器の古期および形成期早期)、CV-II期(形成期中期)、CV-III期(地方発展期)、CV-IV期(地方王国期)と設定されている。なかでもCV-I期は、CV-Ia/CV-Ib/CV-Ic期と三つに細分することができる。本書はこの三つの細分された先土器時代を対象とする。ただし、記述が煩雑となることを避けるため、Ia/Ib/Ic期にそれぞれ対応する一期、二期、三期という略称を便宜的に用いる。

(6) アシカに似た海獣類である。

(7) グリッドとは、発掘調査の過程で任意に定められた区画であり、考古遺物の出土地点を表す。本調査では、二メートル四方を一単位としたグリッドを遺跡全体に設定した。

(8) 自然対数の底 e =2.7182…を何乗すると*Pi*になるかという値。

(9) ある特定の地域に生息する同種の個体の集まりを指す。本書では、その生息数や分布域を含めた個体群の大きさを意味する言葉として「個体群規模」を用いる。

(10) 底生生物とは、海・湖沼・河川などの水底や壁面付着するなどして生活する生物の総称であり、ベントスとも呼ばれる。一般的な例として、付着藻類やカイメン、フジツボ、ゴカイ、ヒトデ、貝類などが挙げられる。

参考文献

〈日本語文献〉

大貫良夫・加藤泰健・関 雄二(編)
二〇一〇 『古代アンデス――神殿から始まる文明』東京:朝日新聞出版。

河川環境管理財団(編)
二〇〇八 『河川汽水域――その環境特性と生態系の保全・再生』東京:技報堂出版。

川崎 健
二〇〇一 「エルニーニョと海洋生態系」『エルニーニョと地球環境:改訂増補版』気候変動・利用研究会(編)、一〇七―一一七頁、東京:成山堂書店。

荘司一歩・白井厚太朗
二〇二二「先史アンデス海岸部における古環境変動と海民の適応戦略（1）」『学際連携報告書二〇二〇年度』千葉：東京大学大気海洋研究所。
荘司一歩、バネッサ・ラ＝ロサ
二〇一七「ペルー北海岸、クルス・ベルデ遺跡出土土器の分析概報」『古代アメリカ』二〇号、一三五―一五〇頁。
荘司一歩、ビクトル・バスケス、テレサ・ロサーレス
二〇一九「クルス・ベルデ遺跡出土遺物からみたペルー北部沿岸地域における古期の動物利用と変化」『古代アメリカ』二二号、一〇一―一一八頁。
関　雄二
二〇〇六『古代アンデス権力の考古学』京都：京都大学学術出版。
二〇一〇『アンデスの考古学 改訂版』東京：同成社。
渡邊良郎
二〇一二『イワシ――意外と知らないほんとの姿』東京：恒星社厚生閣。

〈欧文文献〉
Aponte, Héctor, Dámaso Ramírez and Gustavo Lértora
2018 *Los Pantanos de Villa: Un oasis de vida en Lima Metropolitana.* Lima: Fondo Editorial de la Universidad Científica del Sur.
Arntz, Wolf E. and Eberhard Fahrbach
1996 *El Niño experimento climático de la naturaleza.* México: Fondo de Cultura Económica México.
Bird, Junius B., John Hyslop and Milica D. Skinner
1985 *The Preceramic Excavations at the Huaca Prieta, Chicama Valley, Peru.* New York: American Museum of Natural History.
Burger, L. Richard
1992 *Chavín and the Origins of Andean Civilization.* London: Thames and Hudson.
Burger, L. Richard and Lucy C. Salazar Burger
1991 The Second Season of Investigations at the Initial Period Center of Cardal, Lurín Valley. *Journal of Field Archaeology* 18: 257-296.

Cantillánez, Marcela, Miguel Avendaño, Manuel Rojo and Alberto Olivares

2011 Parámetros reproductivos y poblacionales de *Thais chocolata* (Duclos, 1832) (Gastropoda, Thaididae), en la reserva marina La Rinconada, Antofagasta, Chile. *Latin American Journal of Aquatic Research,* 39(3): 499-511.

Carter, Benjamin P.

2011 SPONDYLUS in South American Prehistory. In *SPONDYLUS in Prehistory: New Data & Approaches-Contribution to the Archaeology of Shell Technology.* Oxford: British Archaeological Reports.

Curtis, Tobey and Douglas Adams, George Burgess

2011 Seasonal Distribution and Habitat as Sociations of Bull Sharks in the Indian River Lagoon, Florida: A 30 year Synthesis. *Transactions of the American Fisheries Society,* 140: 1213-1226.

Díaz, Amanda and Luc Ortlieb

1993 El fenómeno El Niño y los moluscos de la costa peruana. *Bolletin de Instituto Frances études Andines,* 22 (1): 159-177.

Dillehay, Tom D., Duccio Bonavia, Steve L. Goodbred Jr., Mario Pino, Víctor Vásquez and Teresa Rosales

2012a A Late Pleistocene Human Presence at Huaca Prieta, Peru, and Early Pacific Coastal Adaptations. *Quaternary Research,* 77(3): 418-423.

Dillehay, Tom D., Duccio Bonavia, Steven Goodbred, Mario Pino, Victor Vasquez, Teresa Rosales T., William Conklin, Jeff Splitstoser, Dolores Piperno, José Iriarte, Alexander Grobman, Gerson Levi-Lazzaris, Daniel Moreira, Marilaura López, Tiffiny Tung, Anne Titelbaum, John Verano, James Adovasio, Linda Scott Cummings, Phillipe Bearéz, Elise Dufour, Olivier Tombret, Michael Ramirez, Rachel Beavins, Larisa DeSantis, Isabel Rey, Philip Mink, Greg Maggard and Teresa Franco

2012b Chronology, Mound-building and Environment at Huaca Prieta, Coastal Peru, from 13700 to 4000 Years Ago. *Antiquity,* 86(331): 48-70.

Dillehay, Tom D., Steve Goodbred, Mario Pino, Víctor Vásquez, Teresa Rosales, James Adovasio, Michael B. Collins, Patricia J. Netherly, Christine A. Hastorf, Katherine L. Chiou, Doroles Piperno, Isabel Rey, and Nancy Velchoff

2017 Simple technologies and diverse food strategies of the Late Pleistocene and Early Holocene at Huaca Prieta, Coastal Peru. *Science Advances,* 2017(3): 1-13.

Feldman, Robert A.

1985 Pre-ceramic Corporate Architecture: Evidence for the Development of Non-egalitarian Social Systems in Peru. In *Early*

Ceremonial Architecture in the Andes, edited by Christopher B. Donnan, pp. 71-92, Washington D.C.: Dumbarton Oaks Research Library and Collection.

Fuchs, Peter R., Renate Patzschke, Germán Yenque, and Jesús Briceño

2009 Del Arcaico Tardío al Formativo Temprano: las incestigaciones en Sechín Bajo, valle de Casma. *Bolletín de Arqueología PUCP,* 13: 55-86.

Grobman, Alexander, Duccio Bonavia, Tom D. Dillehay, Dolores Piperno, José Iriarte, and Irene Holst

2012 Preceramic Maize from Paredones and Huaca Prieta, Peru. *PNAS,* 109(5): 1755-1759.

Harris Matthew, Weister Marshall and Faulkner Patrick

2015 A Refined Protocol for Calculating MNI in Archaeological molluscan shell assemblages: a Marshall Islands Case Study. *Journal of Archaeological Science,* 57: 168-179.

Idyll, Clarence P.

1973 The Anchovy Crisis. *Scientific American,* 228: 22-29.

IMARPE (Instituto del mar del Perú)

2015 *Guía para la determinación de tiburones de importancia comercial en el Perú.* Callao: IMARPE.

Koike, Hiroko and Ohtaishi Noriyuki

1985 Prehistoric Hunting Pressure Estimated by the Age Composition of Excavated Sika Deer (*Cervus nippon*) Using the Annual Layer of Tooth Cement. *Journal of Archaeological Science,* 12: 443-456.

Mannino Marcello A. and Thomas Kenneth D.

2002 Depletion of a Resource? The Impact of Prehistoric Human Foraging on Intertidal Mollusc Communities and its Significance for Human Settlement, Mobility and Dispersal. *World Archaeology,* 33(3): 452-474.

Meltzer, David J.

2009 *First Peoples in a New World.* Berkeley: University of California Press.

Moseley, Michael. E.

1975 *The Maritime Foundations of Andean Civilization.* Menlo Park: Cummings Publishing Company.

Patterson, Tomas C.

1971 Population and Economy in Central Peru. *Archaeology,* 24: 316-321.

Pozorski, Shelia and Thomas Pozorski

2003 Paleoenviroment at Almejas: Early Exploitation of Estuarine Fauna on the North Coast of Peru. In *El Niño in Peru: Biology and Culture Over 10,000 Years,* edited by Jonathan Haas and Michael O. Dillon, pp. 52-70. Chicago: Field Museum of Natural History.

Quilter, Jeffrey

1989 *Life and Death at Paloma:Society and Mortuary Practices in a Preceramic Peruvian Village.* Iowa: University of Iowa Press.

Reitz, Elizabeth J. and Wing Elizabeth

1999 *Zooarchaeology.* Cambridge University Press, Cambridge.

Rick, John W.

2005 The Evolution of Authority and Power at Chavin de Huantar, Peru. In *Foundations of Power in the Prehispanic Andes: Archaeological Papers of the American Anthropological Association 14.* edited by Kevin J. Vaughn, Dennis Ogburn and Christina A. Conlee, pp. 71-89. Virginia: American Anthropological Association.

Shady, S. Ruth and C. Leyva（editors）

2003 *La ciudad sagrada de Caral-Supe: Los origenes de la civilizacion Andina y la formacion del estado pristimo en el antiguo Perú.* Lima: Instituto Nacional de Cultura.

Shannon Claude E. and Warren Weaver

1949 *Mathematical theory of communication.* Urbana: University of Illinois Press.

Sheldon Andrew L.

1969 Equitability indices: dependence on the species count. *Ecology,* 50:466-7.

Urban, H.-Jörg

1994 Upper Temperature Tolerance of Ten Bivalve Species off Peru and Chile Related to El Niño. *Marine Ecology Progress Series,* 107: 139-145.

あとがき

本書で紹介したのは一部分であるが、一連の研究をまとめるにあたって、大変多くの人にお世話になった。筆者の博士課程の指導教員にあたる総合研究大学院大学の関雄二教授のご尽力と適切な指導がなければ、到底、研究をまとめることができなかった。また、関教授の旧友でもあるトルヒーヨ大学のセグンド・バスケス教授には、クルス・ベルデ遺跡の調査に関して便宜を図ってくださった。加えて、ペルーでの初めての調査を手伝い、スペイン語の拙い私を支えてくれた考古学者のバネッサ・ラ＝ロサ氏、ホセ・サムエル氏にも感謝をせずにはいられない。

そして最も感謝を伝えたいのが、トルヒーヨ大学のテレサ・ロサーレス教授とアルケオビオス考古生物学研究所のビクトル・バスケス氏である。松下幸之助国際スカラシップを利用して 2018 年 9 月～ 2019 年 8 月までトルヒーヨ大学に研究留学した際に、研究から日常生活まで親身に助けてくださったのが両氏である。本書で紹介した貝殻の動物考古学を、素人の私に一から教えてくださった。本書の出版という形で研究が結実したことを彼女らに伝えたい。そのほか、分析作業の補助を快く引き受けてくれたトルヒーヨ大学の学生やトルヒーヨ大学の考古学研究科長であるアレハンドロ・ジェプヘン教授などすべての方の名前を挙げることができないほど、数えきれない人々にお世話になった。ここに感謝したい。

本書の骨子となる分析と研究手法を身につけるための研究留学を助成してくださった松下幸之助記念志財団、発掘調査などの研究助成をしてくださった日本学術振興会、一般社団法人稀有の会、公益財団法人高梨学術奨励基金、パレオラボ若手研究者を支援する研究助成金、総合研究大学院大学インターンシップ事業および海外学生派遣事業に厚く御礼を申し上げる。さらに、いつも適切なアドバイスを下さり、本書の出版を援助してくださった風響社の石井雅さん、古口順子さんにも感謝したい。

そして最後に、学問の道に進むという私の決断を黙って見守り、いつも陰日向に応援してくれる両親と祖母、弟に感謝を伝えたい。

著者紹介
荘司一歩（しょうじ　かずほ）
1989年、神奈川県生まれ。
総合研究大学院大学文化科学研究科博士後期課程単位取得退学。修士（文学）。
現在、国立民族学博物館外来研究員、山梨大学非常勤講師。
主要論文に「「クルス・ベルデ遺跡出土遺物からみたペルー北部沿岸地域における古期の動物利用と変化」（『古代アメリカ』第22号、2019）、La utilización de recursos malacológicos en el período Arcaico: una perspectiva del sitio arqueológico Cruz Verde, Valle Chicama（*ARQUEOBIOS* 第12号、2017）など。

貝殻が語る環境と人　ペルーの海と先史時代の漁撈民

2021年10月15日　印刷
2021年10月25日　発行

著　者　荘　司　一　歩
発行者　石　井　　雅
発行所　株式会社　風響社

東京都北区田端 4-14-9 （〒 114-0014）
Tel 03（3828）9249　振替 00110-0-553554
印刷　モリモト印刷

ISBN978-4-89489-303-0　C0022